전 세계에서 요리와 약재로 사용하는 향신료 135가지

요리와 약으로 쓰는
향신료 백과

사용부위 · 요리 및 이용 · 약효 상세 수록

글 · 사진 | 박 종 철
국립순천대학교 한의약연구소

요리와 약으로 쓰는
향신료 백과

초판인쇄 : 2014년 11월 05일
초판발행 : 2014년 11월 10일

지 은 이 : 박종철
펴 낸 이 : 고명흠
펴 낸 곳 : 푸른행복

출판등록 : 2010년 1월 22일 제312-2010-000007호
주　　소 : 서울 서대문구 세검정로 1길 93(홍은1동 455번지)
　　　　　벽산아파트상가B/D 304호
전　　화 : (02)3216-8401~3 / FAX (02)3216-8404
E-Mail : munyei21@hanmail.net
홈페이지 : www.munyei.com

I S B N 979-11-5637-010-9 (13590)

ⓒ 박종철, 2014

* 이 책의 내용을 저작권자의 허락 없이 복제, 복사, 인용, 무단전재하는 행위는 법으로 금지되어 있습니다.
* 이 도서의 국립중앙도서관 출판예정도서목록(CIP)은 서지정보유통지원시스템 홈페이지(http://seoji.nl.go.kr)와 국가자료공동목록시스템(http://www.nl.go.kr/kolisnet)에서 이용하실 수 있습니다. (CIP제어번호: CIP2014024559)

전 세계에서 요리와 약재로 사용하는 향신료 135가지

요리와 약으로 쓰는
향신료 백과

사용부위 · 요리 및 이용 · 약효 상세 수록

글 · 사진 | 박 종 철
국립순천대학교 한의약연구소

푸른행복

••• 일러두기

1. 이 책에 사용된 사진은 필자가 직접 촬영한 사진으로 제작했습니다.
2. 향신료 식물의 형태를 이해하기 위해 살아있는 식물 사진을 많이 실었습니다.
3. 제1장과 제2장의 향신료 순서는 명칭의 가나다순으로 편집했습니다.
4. 공식 한약 이름인 강황, 소두구, 시라(자), 육두구, 정향, 팔각회향, 회향은 향신료 이름으로 잘 알려진 터머릭(강황), 카다몬(소두구), 딜(시라), 넛메그(육두구), 클로브(정향), 스타아니스(팔각회향), 페널(회향)로 표기했습니다.
5. 계피는 시나몬이라는 향신료명을 쓰기도 하지만 계피로 더 잘 알려져 있으므로 계피(시나몬)로 표기했습니다.
6. 고추냉이, 자소엽은 일본명인 와사비, 시소로 더 잘 알려져 있지만 우리말인 고추냉이(와사비), 자소엽(시소)으로 표기했습니다.
7. 페뉴그리크는 향신료 이름으로 사용하기도 하지만 통용하는 한약명인 호로파(페뉴그리크)로 표기했습니다.
8. 한국의 〈식품공전〉에 있는 향신료 이름을 사용하기도 했습니다.
9. 우리말 이름이 없는 향신료의 명칭은 국립국어원 김아영 선생님의 자문을 받아 영어명을 한글로 바꿔 표기했습니다.
10. 라틴어 학명 옆에 한글 식물명을 표기하여 향신 식물을 이해하는 데 도움을 드리고자 했습니다.
11. 과명에서 국화과, 꿀풀과, 산형과, 십자화과, 콩과는 가장 최근의 APG(피자식물 계통연구 그룹) 시스템을 기준으로 채택하여 각각 Asteraceae, Lamiaceae, Apiaceae, Brassicaceae, Fabaceae로 표기했으나 기존 과명인 Compositae, Labiatae, Umbelliferae, Cruciferae, Leguminosae도 함께 기재했습니다.
12. 같은 식물이지만 이용부위가 다른 경우, 각각의 명칭과 효능을 구분해서 표기했습니다.
13. 본문에서 효능을 인용한 필자의 논문을 참고문헌에 기재했습니다.

향신료의 사전적 정의는 '음식에 풍미를 주거나 맵고 향기로운 맛을 더해주어 식욕을 촉진시키는 조미료' 또는 '식품의 조미에 쓰는 향기로운 냄새 또는 매운맛을 갖는 식물성 물질'이다. 사람들은 이처럼 음식에 맛을 더하기 위한 조미료로 오래전부터 다양한 향신료를 사용해 왔지만, 최근에는 각종 향신료가 건강에 어떤 도움을 주는지에 대해서도 주목하고 있다.

이 책은 국내외에서 이용하는 향신료의 약리학적 효과, 특히 한방학적 효능을 중심으로 담았다. 특히 향신료의 식물학적 특성을 시각적으로 이해하기 위해 살아있는 식물의 다양한 모습을 풍부하게 실어 편집했다.

이 책에는 97종의 향신료와 38종의 향기가 나는 한약 등 135종의 향 식물을 수록하였고, 각 식물들의 재배지와 효능 및 요리법과 약용법을 소개했다. 향이 있는 식물 중에는 식품으로 사용하지 않는 약용식물과 향기가 나는 한약(방초. 芳草)도 함께 게재하여 독자 여러분께 한방 정보를 제공하고자 했다.

책을 준비하는 과정에서 필자는 식물 사진을 찍는 데 특히 많은 시간을 투자했다. 독자 여러분께 생생한 향신료 식물의 사진을 제공하기 위해서다. 사진을 촬영하지 못한 향신료는 과감하게 목록에서 빼고 책에 게재하지 않았을 정도로 직접 사진을 찍는 일에 집착했다.

필자는 그동안 출간했던 한약 및 약용식물 관련 책자에서 가능하면 필자 본인이 찍은 사진

들만을 사용하도록 노력하고 있다. 몇 년 전 한 유명 출판사에서 필자가 낸 여행책자의 사진 몇 장을 저작권 계약하여 사용한 적도 있다.

이처럼 사진 저작권은 매우 중요한 사항이다. 대학에서 강의를 할 때도 학생들의 발표시간에는 인터넷 사진을 쓰지 말고 본인이 촬영한 사진을 사용하라고 늘 강조한다. 그래서 이 책에 수록된 대부분의 사진은 필자가 현장에서 직접 촬영한 사진을 사용했다. 이전부터 언젠가 향신료 책자를 만들어야지 하는 생각에서 그동안 차근차근 촬영해둔 것이다. 반면 예전의 사진 창고에서 필름을 힘들게 찾아내 활용한 경우도 있다. 필자는 디지털 카메라가 나오기 전, 1981년부터의 필름 원본을 지금까지 소중하게 모두 보관하고 있다.

일본의 북 알프스라고 알려진 나가노(長野)현은 험준한 산과 깨끗한 물이 흐르고 있어 고추냉이(와사비) 재배에 최적의 장소다. 1994년 일본 대학에서 연구하던 시절에 실험실 연구원들과 함께 나가노현의 고추냉이 농장을 찾았던 적이 있다. 이 책을 준비하면서 20년 전의 기억을 더듬어 그때의 필름을 찾아서 고추냉이 항목의 자료사진으로 이용하기도 했다.

5년 전 프랑스의 파리 식물원에서 촬영했던 엄청난 양의 사진들도 이번에 유용하게 사용했다. 그 외에도 동남아, 중국, 일본의 약용식물 조사 때 덤으로 촬영했던 식용식물들의 사진과 중앙아시아의 키르기스스탄 방문 때 찍어뒀던 다양한 사진들도 이번에 많이 사용하였다.

사진과 함께 오래전부터 꾸준히 국내·외에서 구입해왔던 참고도서들에서도 많은 도움을 받았다. 국내 자료가 부족한 상태라 외국 서적의 자료들이 반드시 필요한데, 이처럼 미리 준비해뒀던 책들이 이번 책의 원고를 작성하는 데 많은 도움이 된 것이다. 한편 갓, 고추, 미나리, 산초 편에서는 필자가 직접 연구한 연구결과도 인용하여 그 효능을 수재했다.

이 책은 향신료의 효능에 관해 우리나라에서 처음으로 선보이는 전문서적으로서, 이 같은 준비와 노력을 통해 출간하게 된 이 책이 독자 여러분들에게 향신료에 관한 유익한 정보를 전

달하고, 나아가 다양한 식물에 관심을 가지고 연구할 수 있게 하는 계기가 되었으면 한다. 또한 식품영양학, 식품공학, 조리학, 자원식물학 등의 분야에서 공부하는 학부생, 대학원생을 포함한 과학자와 실무에 종사하는 분들께 실질적인 도움이 되길 기대한다.

 이 책은 순천대학교 2014 연구소 연구활동 지원금에 의해 출간되었다. 책 제작에 도움을 주신 국립국어원 김아영 선생님, 순천대 일본어일본문학과 김연재 조교 선생님, 그리고 자료정리와 교정에 수고한 원광대 이경희 박사과정 대학원생, 순천대 한약자원개발학과 송정하 조교, 송화영, 김여현 학부생에게 감사드린다. 출판을 승낙해주시고 모든 호의를 베풀어주신 도서출판 푸른행복 여러분께 감사드린다.

2014년 10월

순천대 연구실에서 박종철

CONTENTS

일러두기 • 4

책머리에 • 5

1장. 천연 향신료

1-01	갈랑갈(대고량강) • 22	1-12	딜(시라, 서양자초) • 62
1-02	감초 • 26	1-13	라벤더 • 66
1-03	개자(갓) • 30	1-14	라임 • 70
1-04	계피(시나몬) • 34	1-15	레몬 • 72
1-05	고들빼기 • 38	1-16	레몬그라스 • 75
1-06	고추 • 41	1-17	레몬밤 • 79
1-07	고추냉이(와사비) • 45	1-18	레몬버베나 • 81
1-08	냉이 • 49	1-19	로즈마리 • 83
1-09	넛메그(육두구) • 52	1-20	로켓(루콜라, 아루굴라) • 86
1-10	니겔라 • 56	1-21	루 • 88
1-11	들깨 • 58	1-22	루바브 • 92

1-23	마늘 • 94		1-44	소럴(수영) • 160
1-24	마리골드(금잔화) • 98		1-45	스타아니스(팔각회향) • 164
1-25	마조람 • 102		1-46	스피아민트 • 168
1-26	머위 • 104		1-47	시설리 • 170
1-27	머틀 • 108		1-48	아티초크류 1_ 아티초크 • 172
1-28	미나리 • 110		1-49	아티초크류 2_ 카둔 • 176
1-29	바닐라 • 114		1-50	안젤리카 • 178
1-30	바질 • 116		1-51	양파 • 180
1-31	박하 • 120		1-52	양하 • 184
1-32	방아풀(연명초) • 124		1-53	얘로(서양톱풀) • 186
1-33	버넷 • 127		1-54	오레가노 • 189
1-34	베르가모트 • 129		1-55	올리브 • 193
1-35	보리지 • 131		1-56	월계수 잎 • 196
1-36	부추 • 134		1-57	웜우드(쓴쑥) • 200
1-37	사프란 • 138		1-58	유자 • 204
1-38	산초 • 142		1-59	자소엽(시소) • 206
1-39	생강 • 146		1-60	재스민 • 209
1-40	서양고추냉이 • 150		1-61	주니퍼(노간주나무) • 212
1-41	세이버리 • 152		1-62	진피 • 214
1-42	세이지 • 154		1-63	차이브 • 216
1-43	셀러리 • 157		1-64	참깨 • 218

1-65	처빌 • 221		1-82	터머릭류 2_ 아출 • 272
1-66	치자 • 224		1-83	터머릭류 3_ 울금 • 274
1-67	치커리 • 228		1-84	파 • 277
1-68	카더몬(소두구) • 232		1-85	파라크레스 • 280
1-69	캐러웨이 • 234		1-86	파슬리 • 282
1-70	캐모마일 • 236		1-87	팔랑개비국화 • 286
1-71	캐트닙(개박하) • 239		1-88	페널(회향) • 288
1-72	커리플랜트 • 242		1-89	페니로열 • 292
1-73	커민 • 245		1-90	필발(인도긴후추) • 294
1-74	케이퍼 • 248		1-91	한련(금련) • 297
1-75	코리앤더(고수) • 250		1-92	헬리오트로프 • 300
1-76	코카 • 254		1-93	호로파(페뉴그리크) • 302
1-77	콜라너트 • 256		1-94	홉 • 306
1-78	클로브(정향) • 258		1-95	홍화 • 308
1-79	타임 • 261		1-96	후추 • 312
1-80	탠지(쓴국화) • 265		1-97	히섭 • 316
1-81	터머릭류 1_ 강황 • 268			

제2장. 향기 나는 한약

2-01	감송향 • 322		2-20	아선약 • 380
2-02	강향 • 324		2-21	안식향 • 382
2-03	고량강 • 326		2-22	영릉향 • 386
2-04	고본 • 330		2-23	오약 • 388
2-05	곽향(배초향) • 334		2-24	용뇌 • 391
2-06	광곽향 • 338		2-25	유향 • 394
2-07	당귀 • 340		2-26	익지 • 397
2-08	목향 • 344		2-27	자단향 • 401
2-09	몰약 • 346		2-28	작약 • 404
2-10	백단향 • 348		2-29	창출 • 408
2-11	백두구 • 351		2-30	천궁 • 412
2-12	백지 • 354		2-31	초과 • 415
2-13	백출 • 358		2-32	초두구 • 418
2-14	백편두 • 361		2-33	침향 • 422
2-15	백합 • 364		2-34	택란 • 426
2-16	보골지 • 367		2-35	향부자 • 429
2-17	사상자 • 371		2-36	향유 • 431
2-18	사인 • 374		2-37	형개 • 434
2-19	삼릉 • 378		2-38	후박 • 438

사진 차례

1장 천연 향신료

갈랑갈(대고량강) • 22
감초 • 26
개자(갓) • 30
계피(시나몬) • 34
고들빼기 • 38
고추 • 41
고추냉이(와사비) • 45
냉이 • 49
넛메그(육두구) • 52
니겔라 • 56
들깨 • 58
딜(시라, 서양자초) • 62
라벤더 • 66
라임 • 70
레몬 • 72
레몬그라스 • 75
레몬밤 • 79
레몬버베나 • 81

로즈마리 • 83	로켓(루콜라, 아루굴라) • 86	루 • 88	루바브 • 92
마늘 • 94	마리골드(금잔화) • 98	마조람 • 102	머위 • 104
머틀 • 108	미나리 • 110	바닐라 • 114	바질 • 116
박하 • 120	방아풀(연명초) • 124	버넷 • 127	베르가모트 • 129
보리지 • 131	부추 • 134	사프란 • 138	산초 • 142

생강 • 146
서양고추냉이 • 150
세이버리 • 152
세이지 • 154

셀러리 • 157
소렐(수영) • 160
스타아니스(팔각회향) • 164
스피아민트 • 168

시설리 • 170
아티초크류 1_아티초크 • 172
아티초크류 2_카둔 • 176
안젤리카 • 178

양파 • 180
양하 • 184
얘로(서양톱풀) • 186
오레가노 • 189

올리브 • 193
월계수 잎 • 196
웜우드(쓴쑥) • 200
유자 • 204

자소엽(시소) • 206 재스민 • 209 주니퍼(노간주나무) • 212 진피 • 214

차이브 • 216 참깨 • 218 처빌 • 221 치자 • 224

치커리 • 228 카더몬(소두구) • 232 캐러웨이 • 234 캐모마일 • 236

캐트닙(개박하) • 239 커리플랜트 • 242 커민 • 245 케이퍼 • 248

코리앤더(고수) • 250 코카 • 254 콜라너트 • 256 클로브(정향) • 258

타임 • 261
탠지(쑥국화) • 265
터머릭류 1_강황 • 268
터머릭류 2_아출 • 272
터머릭류 3_울금 • 274
파 • 277
파라크레스 • 280
파슬리 • 282
팔랑개비국화 • 286
페널(회향) • 288
페니로열 • 292
필발(인도긴후추) • 294
한련(금련) • 297
헬리오트로프 • 300
호로파(페뉴그리크) • 302
홉 • 306
홍화 • 308
후추 • 312
히섭 • 316

2장 향기 나는 한약

감송향 • 322

강향 • 324

고량강 • 326

고본 • 330

곽향(배초향) • 334

광곽향 • 338

당귀 • 340

목향 • 344

몰약 • 346

백단향 • 348

백두구 • 351

백지 • 354

백출 • 358

백편두 • 361

백합 • 364

보골지 • 367

사상자 • 371

사인 • 374

제3장. 국내·외 향신료와 허브

1. 세계의 향신료

- 1-01 프랑스의 향신료 • 445
- 1-02 스페인의 향신료 • 446
- 1-03 미국의 향신료 • 446
- 1-04 키르기스스탄의 향신료 • 447
- 1-05 인도의 향신료 • 448
- 1-06 인도네시아의 향신료 • 449
- 1-07 태국의 향신료 • 450
- 1-08 중국의 향신료 • 451
- 1-09 타이완의 향신료 • 452
- 1-10 일본의 향신료 • 453

2. 국내 향신료·허브농장

- 2-01 허브아일랜드 • 455
- 2-02 상수허브랜드 • 457
- 2-03 허브빌리지 • 459
- 2-04 허브다섯메 • 461

3. 향신료 판매점

- 3-01 포린 푸드 마트 Foreign Food Mart • 464
- 3-02 내셔널 푸드 마트 National Foods Mart • 464
- 3-03 하이 스트리트 마켓 High Street Market • 464
- 3-04 스타 수퍼 Star Super • 465
- 3-05 아시아마트 Asia Mart • 465
- 3-06 월드 푸드 World Food • 465

용어해설 • 466
참고문헌 • 476
찾아보기 • 479

1장

천연 향신료

1.01 갈랑갈(대고량강)

- **영어명** : galangal-뿌리줄기
- **한약명** : 대고량강(大高良薑)-뿌리줄기, 홍두구(紅豆蔻)-열매
- **기타 명칭** : 홍두(紅豆), 양강자(良薑子), galangal(프랑스어), galanga(이태리어), kha(타이어)
- **학명** : *Alpinia galanga* (L.) Willd.
- **과명** : 생강과(Zingiberaceae)
- **이용부위** : 뿌리줄기, 열매

◐ 갈랑갈의 지상부

○ 갈랑갈의 뿌리줄기(한약명은 대고량강)   ○ 동남아에서 향신료로 많이 사용되는 갈랑갈의 뿌리줄기

| 재배지 | 아시아의 생강, 태국의 생강이라고도 불리는 갈랑갈은 열대 아시아가 원산지이며 말레이시아, 태국, 라오스 등에서 많이 생산한다. 한국에서도 재배한다.

| 고량강과 홍두구 | 한방에서 갈랑갈의 뿌리줄기를 대고량강(大高良薑), 그리고 열매를 홍두구(紅豆蔲)라고 부르며 약용한다.

| 식품공전 | 한국 <식품공전>의 '식품에 사용할 수 있는 원료' 부분에 갈랑갈(이명: 아시아생강)의 뿌리줄기가 수재되어 있다.

| 요리 및 이용 | 생강과 비슷한 향미를 가지고 있지만 향은 생강보다 강하다. 뿌리줄기는 태국 요리에서 즐겨 사용되는 향신료이며 고기나 생선류 요리의 냄새 제거를 위해 활용한다.

| 동의보감 효능 | 홍두구(紅豆蔲), 갈랑갈의 열매는 성질은 따뜻하고 맛은 매우며(쓰다고도 한다) 독이 없다. 물 같은 설사를 하며 복통과 곽란으로 신물을 토하는 것을 낫게 하고 술독을 풀어주며 산람장기 독을 없앤다.

| 한방 약미(藥味)와 약성(藥性) | 뿌리줄기 또는 열매의 맛은 맵고 성질은 따뜻하다.

동의보감에 수록된 갈랑갈의 열매인 홍두구

○ 중국 광시약용식물원의 갈랑갈

| 한방 효능 |

뿌리줄기

- 위(胃)를 따뜻하게 한다.
- 기(氣)를 소통시켜 통증을 멎게 한다.

열매

- 한기를 흩어버리며 습사를 없앤다.

| 약효 해설 |

열매

- 음식물이 내려가지 않아 그득하고 답답한 증상을 치료하는 식체창만(食滯脹滿) 효능이 있다.
- 술독을 풀어준다.
- 구토, 학질, 이질을 치료한다.

| 약용법 | 뿌리줄기 3~5g 또는 열매 3~6g을 물 800mL에 넣고 달여서, 반으로 나누어 아침저녁으로 마신다. 또는 환제, 산제로 하여 먹는다.

❶❷ 갈랑갈의 미성숙 열매

○ 갈랑갈의 열매(홍두구)가 결실된 모습

1.02 감초

- **영어명** : licorice, liquorice
- **한약명** : 감초(甘草)
- **기타 명칭** : réglisss officinale(프랑스어), liquirizia(이태리어)
- **학명** : *Glycyrrhiza uralensis* Fischer(식물명: 감초)
  Glycyrrhiza glabra L.(식물명: 광과감초, 光果甘草)
  Glycyrrhiza inflata Batal.(식물명: 창과감초, 脹果甘草)
- **과명** : 콩과(Fabaceae, Leguminosae)
- **이용부위** : 뿌리 및 뿌리줄기

◯ 중국 닝샤(寧夏)회족자치구 재배지에서 자라는 감초(*Glycyrriza uralensis*) 꽃

| **재배지** | 중앙아시아가 원산지이며 터키, 이탈리아, 스페인, 러시아, 중국이 주산지이다.

| **감초의 기원** | 한방에서 식물인 감초, 광과감초(光果甘草) 또는 창과감초(脹果甘草)의 뿌리 및 뿌리줄기를 한약명으로 감초(甘草)라 부른다.

| **감미성분** | 감초의 감미성분은 글리시리진(glycyrrhizin)의 사포닌 화합물로서 뿌리에 3~7% 함유되어 있다. 이 성분은 분해되어 부신피질호르몬 유사작용과 해독, 소염작용을 가지는 글리시레틴산(glycyrrhetic acid)을 생성한다. 감초는 식품 감미제와 약용자원으로서 매우 중요한 식물이다.

○ 광과감초(*Glycyrrhiza glabra*)의 열매

| **식품공전** | 한국 <식품공전>의 '식품에 사용할 수 있는 원료' 부분에 감초의 뿌리 및 뿌리줄기가 수재되어 있다.

| **요리 및 이용** | 향신료로서 뿌리를 건조시킨 후 가루로 만들어 사용한다. 단맛이 강해 일종의 천연감미료가 된다.

| **동의보감 효능** | 감초(甘草)는 온갖 약의 독을 풀어준다. 아홉 가지 흙의 기운을 받아 72가지의 광물성 약재와 1,200가지의 초약(草藥) 등 모든 약을 조화시키는 효과가 있으므로 국로(國老)라고 한다. 토하거나 속이 그득하거나 술을 즐기는 사람은 오랫동안 먹거나 많이 먹는 것은 좋지 않다.

동의보감에 수록된 감초

○ 광과감초(*Glycyrrhiza glabra*)의 잎

○ 감초(*Glycyrrhiza uralensis*) 잎

○ 감초의 뿌리

○ 약재로 쓰이는 감초 뿌리(세절 건조)

| **한방 약미**(藥味)**와 약성**(藥性) | 맛은 달고 성질은 평(平)하다.

| **한방 효능** |

- 기(氣)를 더하고 비위 부분을 보(補)하는 효능이 있다.
- 폐음을 자양하고 기침을 멎게 하는 효능이 있다.
- 다른 약물과 조화를 이루게 한다.

| **약효 해설** |

- 사지무력, 식욕부진에 효과가 있다.
- 목 안이 붓고 아픈 증상에 유효하다.
- 정신을 안정시킨다.

| **주의사항** | 장기간 많은 양을 복용하면 전신 부종 및 혈압 상승이 나타날 수 있으니 주의해야 한다.

| **약용법** | 뿌리와 뿌리줄기 2~10g을 물 800mL에 넣고 달여서 반으로 나누어 아침저녁으로 마신다.

개자(갓)

- **영어명** : mustard
- **한약명** : 개자(芥子) – 씨, 개채(芥菜, 갓) – 잎줄기
- **기타 명칭** : 호개(胡芥), moutarde brune(프랑스어), senape indiana(이태리어)
- **학명** : *Brassica juncea Czern.* et Coss (식물명: 갓)
- **과명** : 십자화과(Brassicaceae, Cruciferae)
- **이용부위** : 씨, 잎줄기

○ 갓 잎. 갓의 씨를 개자라 한다.

| 재배지 | 중앙아시아가 원산지이며 프랑스, 이탈리아, 인도, 중국, 일본, 미국에서 많이 재배한다.

| 갓김치 | 잎줄기인 갓은 김치 재료로 사용하며 전남 여수시 돌산 지역의 유명한 채소이다. 일본의 다카나(高菜) 품종이 1950년대에 여수시 돌산에 도입되어 재배된 것으로 우리나라 재래 갓과 외형적 특성 및 맛 차이가 뚜렷하고 지역 토성에 알맞아 돌산갓으로 명명되어 오늘날의 갓김치 재료가 되었다. 돌산갓김치는 항암, 고혈압 억제 효능이 알려져 있다.

○ 갓의 꽃과 줄기

| 요리 및 이용 | 상쾌한 매운맛을 내기 위해 씨를 건조하여 분말로 만들어 사용한다. 중세 유럽에서는 서민들도 사용 가능했던 유일한 향신료였다. 씨 그대로는 방향과 매운맛이 없지만 가루에 따뜻한 물을 부어 혼합하면 방향과 매운맛이 생긴다. 생선회에 소량 첨가하여 먹는다.

○ 갓 꽃 생김새

○ 갓의 지상부

동의보감에 수록된 갓(개채)과 개자

| 매운맛 성분 | 개자에는 시니그린(sinigrin) 성분이 함유되어 있지만 자극작용이 없다. 그렇지만 개자를 으깨거나 자극을 주게 되면 효소(myrosinase)에 의해 맵고 자극적인 알릴이소티오시아네이트(allyl isothiocyanate)의 정유 성분으로 변하게 된다.

| 동의보감 효능 | 개자(芥子, 갓 씨)는 풍독증(風毒證)과 마비된 것, 얻어맞거나 다쳐서 어혈진 것, 요통(腰痛), 신(腎)이 차고 가슴이 아픈 것을 치료한다. 볶아서 가루 내어 장을 담가 먹으면 오장이 잘 통한다. 개채(芥菜, 갓)는 성질이 따뜻하고 맛이 매우며 독이 없다. 신(腎)에 있는 사기를 없애고 구규(九竅)를 잘 통하게 하며 눈과 귀를 밝게 한다. 기침과 기운이 치미는 것도 멎게 한다. 그리고 속을 따뜻하게 하며 두면풍(頭面風)을 없앤다. 황개(黃芥), 자개(紫芥), 백개(白芥)가 있는데 황개와 자개로는 김치를 하여 먹으면 아주 좋고 백개는 약으로 쓴다.

| 한방 약미(藥味)와 약성(藥性) |

씨

맛은 맵고 성질은 뜨거우며 독성이 조금 있다.

잎줄기

맛은 맵고 성질은 따뜻하다.

| 한방 효능 |

씨

- 중초[中焦, 위(胃)의 소화작용을 맡으며 심장에서 배꼽 사이의 부분]를 따뜻하게 하여 한사(寒邪)를 제거하는 효능이 있다.
- 경락을 통하게 하고 부은 종기나 상처를 치료한다.

○ 프랑스의 개자 식품

○ 갓김치

잎줄기
- 옹저(癰疽)나 상처가 부은 것을 삭아 없어지게 하고 뭉치거나 몰린 것을 헤치는 효능이 있다.

| 약효 해설 |

씨
- 기침, 가래를 없애주고 관절의 마비, 동통을 풀어준다.
- 살균작용이 있다.
- 식욕증진작용이 있다.

잎줄기
- 비장, 위장 부위를 따뜻하게 한다.
- 가래를 없애주고 기 순환을 도와준다.
- 갓 잎과 갓 잎에서 분리한 플라보노이드 성분은 간 보호작용이 있다.

| 약용법 | 씨 3~9g 또는 잎줄기 10~15g을 물 800mL에 넣고 달여서 반으로 나누어 아침저녁으로 마신다.

❶❷ 갓의 씨인 개자

계피(시나몬)

- **영어명** : cinnamon, cinnamon bark
- **한약명** : 육계(肉桂)
- **기타 명칭** : 계피(桂皮), 육계(肉桂), 계지(桂枝), 계심(桂心)
- **학명** : *Cinnamomum cassia* Presl(식물명: 육계나무)
- **과명** : 녹나무과(Lauraceae)
- **이용부위** : 줄기껍질

○ 재배밭의 계피(육계)나무(중국 광시좡족자치구)

○ 베트남 하노이 인근에서 자라는 계피(육계)나무

| **재배지** |　스리랑카와 인도 남부가 원산지이며 오늘날 열대 모든 지역에서 재배한다.

| **계피와 육계** |　동의보감에서는 계피, 계심(桂心), 계지(桂枝), 육계(肉桂)로 분류되어 있으나 우리나라 한약에 관한 공정서인 <대한민국약전>에는 계피는 수재되어 있지 않고 육계와 계지, 계심만 기재되어 있다. 그렇지만 식품의 소재로서 계피라는 이름으로 잘 알려져 있어 본 책에서는 계피로 기재한다.

| **식품공전** |　한국 <식품공전>의 '식품에 사용할 수 있는 원료' 부분에 어린 가지와 줄기 껍질이 수재되어 있다.

| **요리 및 이용** |　약간의 매운맛과 단맛을 수반하는 청량감, 독특한 방향성이 특징이다. 계피를 설탕과 함께 사용하면 보다 달게 느껴지는 효과가 있다. 그래서 설탕과 계피가루를 섞어 계피 설탕을 만들어 커피, 홍차에 이용하면 좋으며 과자류, 음료, 소스 등에 활용한다. 따뜻한 음료의 향을 내거나 수정과 만드는 데 계피를 활용한다.

| **계피의 약효성분** |　계피의 정유 성분은 시남알데히드(cinnamaldehyde)가 주성분이다. 이 성분은 혈액순환 개선, 항암, 항염증작용이 있으며 식품첨가물이나 향료로도 쓰인다.

| 동의보감 효능 | 육계(肉桂, 계피)는 신(腎)을 잘 보하므로 오장이나 하초에 생긴 병을 치료하는 약[下焦藥]으로 쓴다. 수족소음경에 들어간다. 색이 자줏빛이면서 두터운 것이 좋다. 겉껍질을 긁어버리고 쓴다.

| 한방 약미(藥味)와 약성(藥性) | 맛은 맵고 달며 성질은 매우 열(熱)하다.

| 한방 효능 |
- 신양(腎陽)을 보하고 양기(陽氣)를 도와준다.
- 음양을 조화하는 작용이 있다.
- 한사(寒邪)를 없애고 통증을 멈춘다.
- 경맥(經脈, 후두 옆에서 뛰는 맥)을 따뜻하게 하여 흐름을 원활하게 한다.

| 약효 해설 |
- 허리와 무릎의 연약증, 양기 부족, 소변을 자주 보고 변이 묽은 증상에 효력이 탁월하다.
- 배가 차고 설사, 구토가 있을 때 쓴다.
- 방향성 건위제로 식욕부진, 소화불량에 쓴다.
- 발한, 해열작용이 있다.

肉桂 能補腎陰 宜入藏 經治下焦藥 色紫入手足少陰經 而厚者佳 刮去麁皮用

동의보감에 수록된 계피(육계)

| 약용법 | 줄기껍질 1~5g을 물 800mL에 넣고 달여서, 반으로 나누어 아침저녁으로 마신다.

❶❷ 건조 중인 계피(베트남 하노이)

○ 계피(육계)나무 꽃봉오리

○ 프랑스의 계피 제품

❶❷ 약재로 쓰이는 계피(육계)나무 줄기껍질(건조)

천연 향신료_계피(시나몬) 37

1.05 고들빼기

- **한약명** : 약사초(藥師草) - 지상부, 산와거(山萵苣) - 지상부 또는 뿌리
- **학명** : *Youngia sonchifolia* Maxim.(식물명: 고들빼기)
  Lactuca indica L.(식물명: 왕고들빼기)
- **과명** : 국화과(Asteraceae, Compositae)
- **이용부위** : 지상부, 뿌리

○ 고들빼기 꽃

◯ 고들빼기 꽃 생김새

◯ 고들빼기 지상부

| 재배지 | 한국 전역, 그리고 중국에 분포한다.

| 요리 및 이용 | 입맛을 돋우기 위해 쓴맛이 나는 연한 잎과 뿌리를 나물, 김치 등으로 요리해서 먹는다.

| 한방 약미(藥味)와 약성(藥性) | 맛은 쓰고 성질은 차다.

| 한방 효능 |

지상부 또는 뿌리

- 열사를 제거하고 열독을 풀어주는 효능이 있다.
- 혈액순환을 촉진한다.
- 지혈작용이 있다.

| 약효 해설 |

지상부 또는 뿌리

- 목 안이 붓고 아픈 증상을 낫게 한다.
- 산후 어혈로 인한 복통을 치료한다.
- 건위, 소화작용이 있다.

| 약용법 | 지상부 또는 뿌리 9~15g을 물 800mL에 넣고 달여서 반으로 나누어 아침저녁으로 마신다.

○ 식용되는 고들빼기 뿌리와 잎

○○ 고들빼기김치

1.06 고추

- **영어명** : capsicum, chilly pepper
- **한약명** : 고초(苦椒)
- **기타 명칭** : 랄초(辣椒), 번초(蕃椒), poivon(프랑스어), pimento(이태리어), 토우가라시(唐辛子, 일본어)
- **학명** : *Capsicum annuum* L.(식물명: 고추)
- **과명** : 가지과(Solanaceae)
- **이용부위** : 열매

◉ 고추 지상부

○ 일본의 식물원에서 재배 중인 고추

| 재배지 | 북미 남부지역과 남미의 북부지역이 원산지이며 아시아, 아프리카 등 세계 각지에서 광범위하게 재배한다.

| 요리 및 이용 | 정유 성분이 거의 없으므로 향은 거의 없으나 카로티노이드(carotenoid) 성분의 함량에 의해 매운맛의 정도가 좌우된다. 고추는 부각, 전, 조림, 장아찌로 만들어 먹으며 다양한 요리에 활용한다.

| 한방 약미(藥味)와 약성(藥性) | 맛은 맵고 성질은 뜨겁다.

| 한방 효능 |

- 중초(中焦, 위의 소화작용을 맡으며 심장에서 배꼽 사이의 부분)를 따뜻하게 하여 한사(寒邪)를 제거하는 효능이 있다.
- 기운을 아래로 내리고 음식 소화를 돕는다.

○ 고추 꽃

○ 식용으로 수확한 풋고추

○ 건조 중인 빨간 고추

| 약효 해설 |

- 소량으로 위액 분비 촉진작용이 있어 식욕을 증진시킨다.
- 강장, 발한작용이 있다.
- 항류머티즘작용이 있다.
- 고추 잎에서 분리한 바니린산(vanilic acid)은 강한 항산화작용이 있다.

| 약용법 | 열매 1~3g을 가루 또는 환제로 만들어 먹는다.

○ 중앙아시아 키르기스스탄 시장에서 판매되는 고춧가루

○ 식품박람회에 전시 중인 고추로 제작한 조형물

1.07 고추냉이(와사비)

- ❖ **영어명** : wasabi
- ❖ **한약명** : 산규(山葵)
- ❖ **기타 명칭** : 산전채(山萮菜), 신엽(辛葉), raifort du japon(프랑스어), 와사비(山葵, 일본어)
- ❖ **학명** : *Wasabia japonica* (Miquel) Matsumura(식물명: 고추냉이)
- ❖ **과명** : 십자화과(Brassicaceae, Cruciferae)
- ❖ **이용부위** : 뿌리

○ 고추냉이(와사비) 잎

○ 일본 나가노현의 고추냉이(와사비) 농장

○ 고추냉이(와사비) 재배밭에는 재배에 필요한 깨끗한 물이 항상 흐른다(사진 오른편 아래).

| **재배지** | 일본이 원산지이며 일본, 북미, 뉴질랜드 그리고 한국에서도 재배한다.

| **요리 및 이용** | 생선회와 다양한 종류의 초밥에 생뿌리를 갈아서 소량 첨가하여 먹는다. 주요 자극성분은 시니그린(sinigrin) 성분이며 이 성분에는 매운맛이 없지만 효소에 의해 변화된 성분이 톡 쏘는 맛을 낸다. 식욕증진작용이 있어 예부터 매운맛을 가진 건위약으로 이용되고 있다.

| **한방 약미(藥味)와 약성(藥性)** | 맛은 맵고 성질은 따뜻하다.

| **한방 효능** |

- 속을 따뜻하게 하고 소화를 돕는다.
- 땀을 내게 한다.

○ 일본 나가노현 농장에서 막 캔 고추냉이(와사비) 뿌리

○ 일본 오사카 시장에서 판매 중인 고추냉이(와사비) 뿌리

| 약효 해설 |

- 소화 촉진 효능이 있다.
- 간염에도 효능이 있다.
- 신경통에 쓰인다.

1.08 냉이

- **영어명** : shepherd's purse
- **한약명** : 제채(薺菜) – 전초, 제채자(薺菜子) – 씨
- **학명** : *Capsella bursa-pastoris* (L.) Medicus (식물명: 냉이)
- **과명** : 십자화과(Brassicaceae, Cruciferae)
- **이용부위** : 전초, 씨

○ 무리를 지어 자란 냉이

동의보감에 수록된 냉이(제채)

| **재배지** | 유럽이 원산지이지만 세계 각지에서 자란다.

| **요리 및 이용** | 독특한 향으로 입맛을 돋우는 데 좋다. 냉이나물, 냉잇국, 냉이뿌리 무침, 냉이 생무침, 냉이 김치 등으로 만들어 먹는다.

| **동의보감 효능** | 제채(薺菜, 냉이)의 성질은 따뜻하고 맛은 달며 독이 없다. 간기를 잘 통하게 하고 속을 고르게 하며 오장을 편안하게 한다. 밭이나 들에 나는데 겨울에도 죽지 않는다. 냉이로 죽을 쑤어 먹으면 그 기운이 피를 간으로 이끌어 가기 때문에 눈이 밝아진다. 제채자(薺菜子, 냉이 씨)는 일명 석명자(菥蓂子)라고도 한다. 오장이 부족한 것을 보하고 풍독(風毒)과 사기(邪氣)를 없애며 청맹과니와 눈이 아파서 보지 못하는 것을 치료한다. 또한 눈을 밝게 하고 장예(障醫)를 없애며 열독을 푼다. 오랫동안 먹으면 모든 것이 선명하게 보인다. 음력 4월에 받는다.

| **한방 약미(藥味)와 약성(藥性)** |

> 전초

맛은 달고 싱거우며 성질은 서늘하다.

> 씨

맛은 달고 성질은 평(平)하다.

| **한방 효능** |

> 전초

- 지혈 효능이 있다.
- 간장의 기운을 조화롭게 유지하여 눈을 밝히는 효능이 있다.
- 열을 내리고 수습(水濕, 인체 진액이 병리적으로 변한 것)을 뺀다.

○ 냉이의 꽃과 어린잎

○ 냉이 지상부

씨
- 풍(風)을 제거하는 효능이 있다.
- 눈을 밝히는 효능이 있다.

| 약효 해설 |

전초
- 이질에 효과가 있다.
- 눈이 충혈되고 아픈 증상에 좋다.
- 혈변, 혈뇨 치료에 효과가 있다.
- 혈압을 내리는 작용이 있다.
- 변비 치료에 효과가 있다.

씨
- 눈을 밝게 한다.

| 약용법 | 말린 전초 15~30g 또는 신선한 재료는 60~120g을 물 800mL에 넣고 달여서 반으로 나누어 아침저녁으로 마신다.

○ 냉이김치

1.09 넛메그(육두구)

- **영어명** : nutmeg-씨, mace-가종피
- **한약명** : 육두구(肉豆蔻)-씨
- **기타 명칭** : muscadier(프랑스어), noce moscata(이태리어), pala(인도네시아어)
- **학명** : *Myristica fragrans* Houtt.(식물명: 육두구)
- **과명** : 육두구과(Myristicaceae)
- **이용부위** : 씨, 가종피

◉ 육두구나무에 열매가 달려 있다.

○ 인도네시아 보고르식물원에서 자라는 육두구나무

○ 육두구나무의 열매. 씨를 넛메그라 부른다.

| 재배지 | 인도네시아 몰루카 제도가 원산지이며 인도네시아, 뉴기니, 그라나다 등이 세계 생산량의 대부분을 차지한다.

| 넛메그와 메이스 | 식용 육두구의 열매가 완전히 성숙하면 살구같이 보이며, 갈라져서 심홍색의 씨껍질이 드러난다. 육두구의 씨인 넛메그(nutmeg)를 둘러싸고 있는 가종피(假種皮, 씨 표면을 덮고 있는 특수한 부속물) 말린 것을 메이스(mace)라고 한다. 이 메이스는 육두구 열매 속의 육두구 씨를 싸고 있는 섬유 같은 물질이다.

| 방약합편 | 육두구의 이름으로 우리나라 한방서인 <방약합편>의 향기 나는 한약(방초, 芳草) 편에 수재되어 있다.

| 식품공전 | 한국 <식품공전>의 '식품에 사용할 수 있는 원료' 부분에 육두구의 씨가 수재되어 있다.

| 요리 및 이용 | 육두구 씨인 넛메그와 씨껍질인 메이스는 향미료로 사용하며 이들의 향미는 비슷하다. 강한 향과 맛을 내므로 생선구이, 통조림, 조개, 치즈 요리에 어울리고 야

채와 감자를 양념할 때도 사용한다. 소량의 메이스는 갈아서 완성된 요리 위에 올리기도 한다.

| 동의보감 효능 | 육두구(肉豆蔻, 넛메그)는 중초[中焦, 위(胃)의 속에 있어서 음식의 흡수, 배설을 맡는 육부(六腑)의 하나로 심장에서 배꼽 사이의 부분]를 고르게 하고 기를 내리며 설사와 이질을 멈추고 음식 맛이 나게 하며 소화시킨다. 또 어린이가 젖을 토하는 것을 낫게 한다.

| 한방 약미(藥味)와 약성(藥性) | 씨의 맛은 맵고 성질은 따뜻하다.

| 한방 효능 |

- 기(氣)를 소통시키고 소화시키는 효능이 있다.
- 비위(脾胃) 부분을 따뜻하게 하고 설사를 그치게 하는 효능이 있다.

| 약효 해설 |

- 소화를 촉진시키고 장을 튼튼하게 한다.
- 구풍제(驅風劑), 즉 소화관에 가스가 차서 불쾌한 팽만감이 있을 때 장관(腸管)운동을 항진시켜서 가스를 제거하는 약으로 사용한다.

동의보감에 수록된 넛메그(육두구)

○ 육두구 씨인 넛메그와 씨껍질인 메이스

- 식욕부진, 복부팽만에 효과가 있다.
- 설사와 이질을 멈추게 한다.
- 장 내 가스를 배출하며 건위작용이 있다.

| 약용법 | 씨 3~10g을 물 800mL에 넣고 달여서, 반으로 나누어 아침저녁으로 마신다.

○ 넛메그(육두구) 씨

○ 약재로 쓰이는 넛메그(육두구) 씨(건조)

1.10 니겔라

- **영어명** : nigella, black cumin
- **기타 명칭** : cumin noire(프랑스어), cuminella(이태리어)
- **학명** : *Nigella sativa* L.
- **과명** : 미나리아재비과(Ranunculaceae)
- **이용부위** : 씨

○ 니겔라 지상부

| 재배지 | 유럽 남부, 북아프리카, 서아시아가 원산지이다.

| 요리 및 이용 | 후추같이 생긴 니겔라 씨는 커리, 고기 요리, 소스와 야채 요리의 풍미를 높이는 데 사용한다. 특히 인도와 중동 요리에서 매운 음식에 맛을 내기 위해 후추 대용품으로 널리 이용하며 케이크와 빵에 뿌려 먹기도 한다.

| 약효 해설 |

- 면역활성을 높인다.
- 강장 효과가 있다.
- 소화작용이 있다.
- 이뇨작용이 있다.

◯ 니겔라의 열매

◯ 향신료로 사용하는 니겔라 분말

◯ 스페인의 니겔라 제품

천연 향신료_니겔라

1.11 들깨

- **영어명** : perilla
- **한약명** : 임자(荏子)-씨, 임자엽(荏子葉)-잎
- **기타 명칭** : 야소마(野蘇麻), 백소(白蘇)
- **학명** : *Perilla frutescens Britton* var. *japonica* Hara (식물명: 들깨)
- **과명** : 꿀풀과(Lamiaceae, Labiatae)
- **이용부위** : 씨, 잎

○ 들깨 재배밭

○ 들깨의 어린잎

| 재배지 | 동남아시아가 원산지이며 한국을 비롯한 동남아시아에서 재배한다.

| 요리 및 이용 | 열매에 따라 다양한 품종이 있으나 우리나라에서는 거의 갈색 열매가 열리는 종을 재배한다. 잎에 특이한 냄새가 있으며 잎을 식용한다. 씨는 가루로 내거나 기름으로 짜서 먹는다. 들깨죽, 들깨강정, 들깨엿 등으로 이용해 먹기도 한다. 일본에서는 들깨를 식용으로 거의 활용하지 않는다.

| 동의보감 효능 | 임자(荏子, 들깨 씨)는 성질이 따뜻하고[溫] 맛이 매우며[辛] 독이 없다. 기를 내리고 기침과 갈증을 멎게 한다. 폐를 눅여주고 중초를 보하며 정수(精髓)를 보충해준다. 임자엽(荏子葉, 들깨 잎)은 중초를 고르게 하고 냄새 나는 것을 없애며 기가 치미는 것과 기침하는 것을 치료한다. 여러 가지 벌레한테 물린 데와 음낭이 부은 데 짓찧어 붙인다.

| 한방 약미(藥味)와 약성(藥性) | 씨의 맛은 쓰고 매우며 성질은 약간 따뜻하다.

동의보감에 수록된 들깨(임자, 임자엽)

○ 들깻잎

○ 들깨 꽃

○ 들깨 씨

| 한방 효능 |

씨

- 차가운 기운을 없애준다.
- 뼈마디가 저리고 아픈 병을 낫게 한다.

| 약효 해설 |

씨

- 기침을 하면서 기운이 치밀어 올라 숨이 차는 증상을 낫게 한다.
- 위 주위를 따뜻하게 하는 작용이 있다.
- 대장암 예방작용이 있다.

잎

- 기침 치료에 좋다.

○ 들깨 꽃이 진 후의 꽃대   ○ 들깨의 종자가 결실된 모습

1.12 딜(시라, 서양자초)

❖ **영어명** : dill - 잎
❖ **한약명** : 시라자(蒔蘿子) - 열매
❖ **기타 명칭** : 서양자초, 시라(蒔蘿), 소회향(小茴香), aneth(프랑스어), aneto(이태리어)
❖ **학명** : *Anethum graveolens* L.(식물명: 시라)
❖ **과명** : 산형과(Apiaceae, Umbelliferae)
❖ **이용부위** : 잎, 열매

◉ 딜(시라)의 지상부(일본 도야마대학 약용식물원)

| 재배지 | 지중해 연안과 인도가 원산지이며 거의 모든 허브 농원에서 재배한다.

| 식품공전 | 한국 <식품공전>의 '식품에 사용할 수 있는 원료' 부분에 서양자초의 이름으로 열매가 수재되어 있다.

| 방약합편 | 소회향의 이름으로 우리나라 한방서인 <방약합편>의 향기 나는 한약(방초, 芳草) 편에 수재되어 있다.

| 요리 및 이용 | 유럽의 거의 모든 나라에서는 음식에 딜을 사용한다. 잎, 줄기, 열매, 꽃 모두 요리에 사용할 수 있지만 그중 잎이 가장 잘 활용된다. 야채 요리 위에 살짝 뿌리기도 하고 생선 요리에 첨가하기도 한다. 열매는 피클, 빵, 치즈, 소스, 채소 등에 이용한다.

| 한방 약미(藥味)와 약성(藥性) |

잎

맛은 맵고 성질은 따뜻하다.

열매

맛은 맵고 성질은 따뜻하다.

| 한방 효능 |

잎

- 기침을 멈추고 담(痰)을 없앤다.
- 기가 치솟은 것을 내리고 속이 메스꺼워 토(吐)하려는 증상을 멈추게 한다.

○ 딜(시라) 잎

○ 딜(시라)의 꽃 생김새

○ 식용으로 유통되는 딜(중국 산둥성 웨이하이 시장)

○ 식용으로 유통되는 딜(프랑스 파리)

열매

- 비(脾)를 따뜻하게 하고 위의 활동을 도와 식욕을 돋운다.
- 기를 다스려 통증을 멎게 한다.

| 약효 해설 |

잎

- 소화 촉진, 건위작용이 있다.
- 입냄새 제거 효능이 있다.
- 기침, 가래를 없애는 효능이 있다.
- 진정, 해독작용이 있다.

열매

- 건위작용이 있으며 소화불량, 장염에 효과가 있다.
- 통증을 멎게 한다.

| 약용법 | 잎은 3~9g, 열매는 1~5g을 각각 물 800mL에 넣고 달여서 반으로 나누어 아침저녁으로 마신다.

○ 회향이란 이름으로 판매되고 있는 딜(중국 네이멍구자치구에 있는 대형 식품매장)

○ 샐러드 재료로 쓰이는 딜(중앙아시아의 키르기스스탄 식당)

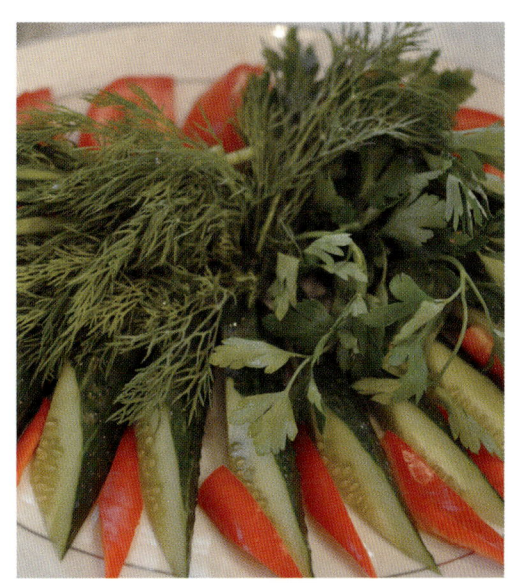

○ 딜이 들어간 키르기스스탄 요리

1.13 라벤더

- **영어명** : lavender
- **한약명** : 훈의초(熏衣草)
- **기타 명칭** : lavande(프랑스어), lavanda(이태리어)
- **학명** : *Lavandula angustifolia* (L.) Mill.
  Lavandula vera DC.
  Lavandula officnalis Chaix.
- **과명** : 꿀풀과(Lamiaceae, Labiatae)
- **이용부위** : 지상부

◉ 모네의 정원이 있는 프랑스 지베르니의 라벤더

○ 라벤더 제품(프랑스)　　　　　　　　　　　　　　　　　　　　　○ 라벤더 열매

| 재배지 |　지중해 연안이 원산지이며 아프리카 북서부의 카나리아제도에서 유럽 남부, 인도에 걸쳐 약 30종이 분포한다.

| 식품공전 |　한국 <식품공전>의 '식품에 사용할 수 있는 원료' 부분에 *Lavandula angustifolia*, *Lavandula vera*, *Lavandula officnalis*의 꽃, 잎이 수재되어 있다.

| 요리 및 이용 |　설탕 절임 등에 곁들이면 맛과 향이 좋아지며 빵이나 케이크, 비스킷에 첨가하여 사용하기도 한다. 라벤더의 지속성 방향을 활용하여 향수에 첨가하여 이용한다.

| 한방 약미(藥味)와 약성(藥性) |　맛은 맵고 성질은 서늘하다.

| 한방 효능 |
- 열사를 제거하고 열독을 풀어준다.

| 약효 해설 |
- 정신이 아찔아찔하여 어지러운 증상을 낮게 한다.
- 입이나 혀에 생긴 종기를 없애준다.
- 두통 증상을 없애준다.

| 약용법 |　지상부 3~9g을 물 800mL에 넣고 달여서 반으로 나누어 아침저녁으로 마신다.

○ 프랑스 지베르니에서 재배 중인 라벤더

❶❷❸ 라벤더(*Lavandula angustifolia*) 잎

○ 라벤더(*Lavandula angustifolia*) 꽃

❶❷❸ 라벤더(*Lavandula vera*) 꽃과 열매

천연 향신료 _ 라벤더

1.14 라임

- **영어명** : lime, key lime, west Indian lime, bartender's lime, omani lime, Mexican lime
- **기타 명칭** : limette acide(프랑스어), lima(이태리어)
- **학명** : *Citrus aurantifolia* (Cristm.) Swingle
- **과명** : 운향과(Rutaceae)
- **이용부위** : 열매

○ 열매를 향신료로 쓰는 라임

○ 라임 절단면

| **재배지** | 인도네시아, 말레이시아가 원산지이다.

| **요리 및 이용** | 레몬보다 크기는 작지만 신맛과 향기가 강해 많이 사용한다. 과즙을 소스, 생선 요리, 고기 요리에 널리 사용하며 각테일 재료로도 이용한다.

| **약효 해설** | 열매에 함유된 플라보노이드 성분이 여러 형태의 암의 세포분화를 방지하는 효과가 알려져 있다.

1.15 레몬

- **영어명** : lemon
- **한약명** : 영몽(柠檬)
- **기타 명칭** : 향도(香挑), citronnier commun(프랑스어), limone(이태리어)
- **학명** : *Citrus limon* (L.) Burm. f.
- **과명** : 운향과(Rutaceae)
- **이용부위** : 열매

○ 레몬 열매와 잎·줄기

○ 레몬 꽃

○ 레몬 열매

| **재배지** | 원산지는 인도, 파키스탄으로 추정되며 미국, 이탈리아, 스페인, 그리스 등이 주산지이다.

| **요리 및 이용** | 레몬은 구연산과 비타민 C 함량이 풍부하며 칵테일, 샐러드 드레싱, 채소, 육류, 생선 요리 등에 다양하게 사용할 수 있다. 그리고 홍차에 레몬을 넣거나 커피에 레몬 과즙 1~2방울을 넣으면 맛있게 마실 수 있다.

| **한방 약미(藥味)와 약성(藥性)** | 맛은 시고 달며 성질은 서늘하다.

| **한방 효능** |
- 진액을 생성하며 더위 먹은 것을 풀어준다.
- 위기(胃氣)를 조화롭게 하고 임산부와 태아를 안정시킨다.

○ 식용으로 수확한 레몬 열매

| 약효 해설 |

- 식욕증진 효과가 있다.
- 임신 구토에 효과가 있다.
- 더위 먹어 입안이 마르고 갈증 나는 것을 없애준다.
- 강장, 항산화작용이 있다.

| 약용법 | 열매 적당량을 내복한다.

1.16 레몬그라스

- **영어명** : lemongrass
- **한약명** : 향모(香茅)
- **기타 명칭** : 모향(茅香), vervine de Indes(프랑스어), citronella(이태리어), sereh(인도네시아어), takrai(타이어), xa(베트남어)
- **학명** : *Cymbopogon citratus* Stapf
  Cymbopogon flexuosus Stapf
- **과명** : 벼과(Poaceae, Gramineae)
- **이용부위** : 지상부

○ 지상부를 향신료로 쓰는 레몬그라스 잎

| **재배지** | 인도 남부와 스리랑카에서 유래한 것으로 추정되며 브라질, 베트남이 주산지이다.

| **미라와 레몬그라스** | 중국 후난(湖南)성 창사(長沙)의 후난성박물관에는 기원전 1세기, 서한 초기 때의 미라가 전시되어 있다. 발견 당시, 고고학자가 손가락으로 미라의 이마와 가슴과 팔 부위를 눌렀다 놓자 쑥 들어갔던 살과 피부가 금방 다시 탄력 있게 원래 상태로 회복될 정도로 보존상태가 양호했다. 사자의 손에 쥐어진 주머니에는 9종의 한약이 들어 있었는데, 그중에 향모(香茅)가 포함되어 있었다. 이 향모가 요즘 말하는 레몬그라스이다.

| **식품공전** | 한국 <식품공전>의 '식품에 사용할 수 있는 원료' 부분에 레몬그라스의 잎, 줄기와 뿌리줄기가 수재되어 있다.

| **요리 및 이용** | 레몬그라스는 수프를 만드는 데 사용되거나 여러 향신료 혼합물의 재료로 이용된다. 생선, 조개류, 가금류 요리에 향미를 내기 위해 사용할 경우, 줄기에 흠집을 내어 솥에 넣어 가열한 후 제거한다. 레몬과 비슷한 방향이 있어 동남아시아에서 수프

○ 레몬그라스의 지상부

○ 레몬그라스의 지상부 절단

○ 레몬그라스 줄기 상단을 잘라놓은 모습(일본 오사카 식물원)

○ 향신료로 쓰이는 레몬그라스(지상부 건조하여 잘라놓은 모습)

나 카레 요리에 빠지지 않는다. 향의 주성분은 레몬과 같이 시트랄(citral)로서 정유 성분의 60~70%를 차지한다.

| 한방 약미(藥味)와 약성(藥性) | 맛은 달고 매우며 성질은 따뜻하다.

| 한방 효능 |
- 풍(風)을 제거하고 경락에 기가 잘 통하게 한다.
- 비위 주위를 따뜻하게 하고 통증을 없애준다.
- 지사 효능이 있다.

| 약효 해설 |
- 감기 두통, 위통을 치료한다.
- 타박상을 치료하고 어혈을 제거한다.
- 꽃은 속을 따뜻하게 하고 위(胃)를 편안하게 한다.
- 강장, 이뇨작용이 있다.
- 소화 촉진 효능이 있다.

| 약용법 | 지상부 6~15g을 물 800mL에 넣고 달여서 반으로 나누어 아침저녁으로 마시거나 적당량 외용한다.

1.17 레몬밤

- **영어명** : lemon balm, melissa
- **기타 명칭** : mélisse(프랑스어), melissa(이태리어)
- **학명** : *Melissa officinalis* L.
- **과명** : 꿀풀과(Lamiaceae, Labiatae)
- **이용부위** : 잎

○ 레몬밤의 지상부

○ 레몬밤의 어린잎

○ 레몬밤 잎

| 재배지 | 지중해 동부지역과 소아시아가 원산지이며 프랑스, 독일, 이탈리아, 스페인에서 재배한다.

| 식품공전 | 한국 <식품공전>의 '식품에 사용할 수 있는 원료' 부분에 레몬밤의 잎이 수재되어 있다.

| 요리 및 이용 | 레몬 냄새가 나는 잎은 샐러드, 수프, 소스에 활용하며 건조 잎은 허브차로 사용한다.

| 약효 해설 |
- 정신안정 효과가 있다.
- 강장작용이 있다.
- 구풍 효능이 있다.

1.18 레몬버베나

- **영어명** : lemon verbena, lemon beebrush
- **기타 명칭** : 향수목(香水木), 방취목(防臭木), verveine odorante(프랑스어), limoncina(이태리어)
- **학명** : *Aloysia triphylla* (L'Hér.) Britton
- **과명** : 마편초과(Verbenaceae)
- **이용부위** : 잎

○ 레몬버베나의 지상부

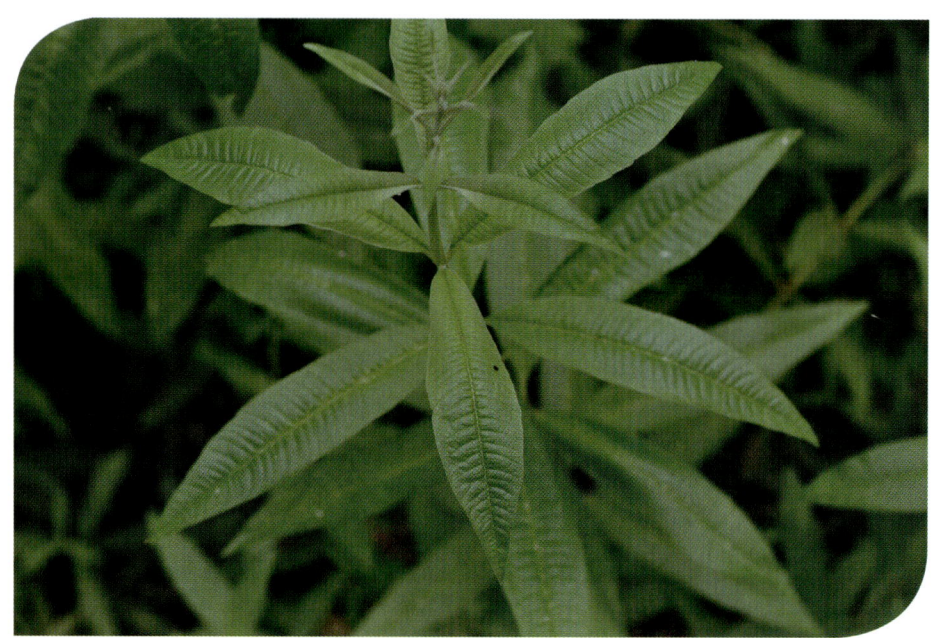
○ 레몬버베나 잎

| 재배지 | 아르헨티나, 칠레가 원산지이며 18세기에 유럽에서 도입되어 분포한다. 우리나라에서도 재배한다.

| 식품공전 | 한국 <식품공전>의 '식품에 사용할 수 있는 원료' 부분에 레몬버베나의 잎이 수재되어 있으므로 식용할 수 있다.

| 요리 및 이용 | 레몬 향으로 유럽 남부에서 요리에 많이 활용되며 생잎은 샐러드, 수프에 쓰이고 레몬그라스 대용으로 쓰인다. 차 또는 화장품 재료로도 이용한다. 레몬버베나는 충북 청원군 소재의 상수 허브랜드 입구에서도 재배하고 있는데, 이 식물의 향이 입구의 허브식물 향기와 어우러져 방문객들은 짙은 향을 맡으며 입장한다.

| 약효 해설 |
- 소화 및 진통작용이 있다.
- 항산화작용이 있다.

1.19 로즈마리

- **영어명** : rosemary
- **한약명** : 미질향(迷迭香)
- **기타 명칭** : romarin(프랑스어), rosmarino(이태리어)
- **학명** : *Rosmarinus officinalis* L.
- **과명** : 꿀풀과(Lamiaceae, Labiatae)
- **이용부위** : 지상부

◯ 로즈마리 잎과 로즈마리 Majorca pink 품종의 꽃(선 안)

○ 향신료로 사용하는 로즈마리 잎

○ 로즈마리 꽃

| **재배지** | 지중해 지역이 원산지이며 프랑스, 스페인, 이탈리아, 미국 등에서 대량 재배한다.

| **요리 및 이용** | 향기가 있어 잎과 가지는 고기 요리, 소스, 수프, 샐러드 드레싱에 사용한다. 신선한 잔가지는 양고기 밑에 깔거나 생선 속에 넣어서 요리하며 잎은 토마토 수프, 찜 요리에 넣어 사용하거나 차로 활용하기도 한다. 정유 성분은 화장품이나 비누의 방향제로 쓰인다.

| **한방 약미(藥味)와 약성(藥性)** | 맛은 맵고 성질은 따뜻하다.

| **한방 효능** |

- 발한(發汗) 효능이 있다.

- 위액 분비를 촉진하여 소화를 돕는 효능이 있다.
- 마음을 안정시킨다.

| 약효 해설 |

- 담즙 분비 촉진작용이 있다.
- 두통을 없애는 작용이 있다.
- 소화 촉진 효능이 있다.
- 혈압강하작용이 있다.
- 항균작용이 있다.

| 약용법 |
지상부 4.5~9g을 물 800mL에 넣고 달여서 반으로 나누어 아침저녁으로 마시거나 적당량 외용한다.

○ 로즈마리 Benenden blue 품종의 꽃

1.20 로켓(루콜라, 아루굴라)

- **영어명** : rocket, rucola, arugula - 잎
- **한약명** : 지마채(芝麻菜) - 씨
- **기타 명칭** : roquette(프랑스어), rucola(이태리어)
- **학명** : *Eruca sativa* Mill.[= *Eruca vesicaria* (L.) Cav.]
- **과명** : 십자화과(Brassicaceae, Cruciferae)
- **이용부위** : 잎, 씨

○ 로켓 지상부

○ 로켓 꽃 생김새

| **재배지** | 지중해 지역이 원산지이며 인도, 파키스탄, 이란에서 많이 생산한다.

| **요리 및 이용** | 매운맛이 나며 잎을 샐러드로 이용하거나 잎을 잘라서 수프, 피자, 스테이크에 얹어 맛을 낸다.

| **한방 약미(藥味)와 약성(藥性)** | 씨의 맛은 맵고 쓰며 성질은 차다.

| **한방 효능** |

씨

- 기운을 아래로 내려 수기(水氣)를 잘 소통되게 한다.

| **약효 해설** |

씨

- 복수(腹水)에 유효하다.
- 기침, 가래를 없앤다.

| **약용법** | 씨 6~12g을 물 800mL에 넣고 달여서 반으로 나누어 아침저녁으로 마신다.

1.21 루

- **영어명** : rue, herb of grace
- **한약명** : 취초(臭草)
- **기타 명칭** : 운향(雲香), rue(프랑스어), ruta(이태리어)
- **학명** : *Ruta graveolens* L.
- **과명** : 운향과(Rutaceae)
- **이용부위** : 지상부

 루의 지상부

○ 루 잎 생김새

| **재배지** | 유럽 남부가 원산지이며 프랑스, 스페인, 모로코가 주산지이다.

| **요리 및 이용** | 샐러드에 쓴맛을 내기 위해 사용하지만 쓴맛이 강하므로 소량 이용해야 한다. 어린잎을 잘라 고기, 야채, 샌드위치 등에 사용한다. 독성이 있어 다량 섭취하면 안 되며 민감한 사람에게는 피부 염증을 일으킬 수도 있으니 주의해야 한다.

| **한방 약미(藥味)와 약성(藥性)** | 맛은 맵고 약간 쓰며 성질은 차다.

| **한방 효능** |

- 풍(風)을 제거하고 열을 없앤다.
- 혈(血) 운행을 활발히 하여 어혈(瘀血)을 없애는 효능이 있다.
- 종기를 없애주고 독성을 풀어주는 효능이 있다.

| **약효 해설** |

- 감기로 나는 열을 없애준다.
- 습진에 유효하다.
- 소아경련을 치료한다.
- 월경불순에 효과가 있다.

| **약용법** | 지상부 3~9g을 물 800mL에 넣고 달여서 반으로 나누어 아침저녁으로 마시거나 적당량 외용한다.

○ 루의 꽃

○ 루의 열매

❶❷❸ 루의 지상부

1.22 루바브

- **영어명** : rhubarb
- **기타 명칭** : rhubarbe(프랑스어), rabarbaro(이태리어)
- **학명** : *Rheum rhabarbarum* L.
- **과명** : 여뀌과(Polygonaceae)
- **이용부위** : 잎자루(잎은 식용 불가)

◉ 루바브(*Rheum rhaponticum*) 잎

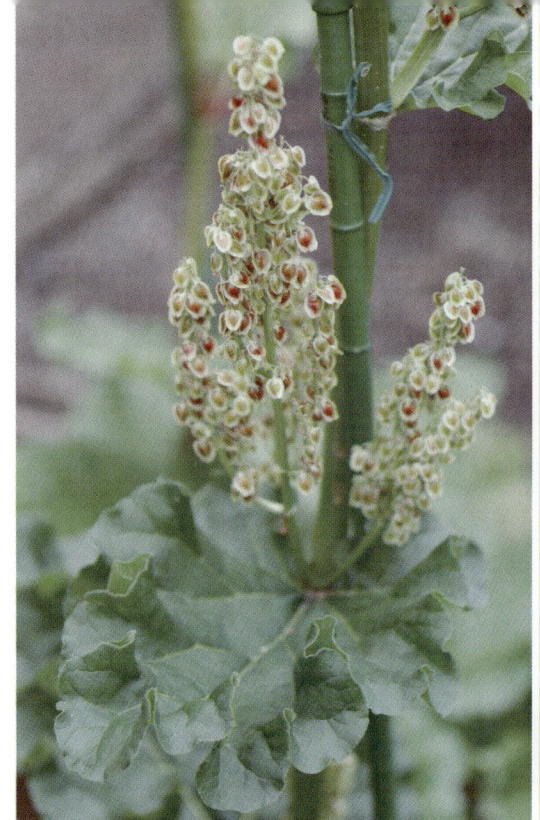
○ 루바브(*Rheum rhaponticum*) 잎과 꽃

○ 루바브(*Rheum rhaponticum*) 꽃

| 재배지 | 몽골이 원산지이며 여러 나라에서 재배한다.

| 대황과 가짜 루바브 | *Rheum*속 식물은 여러 가지가 있다. 루바브인 *Rheum rhabarbarum*과 가짜 루바브로 알려진 *Rheum rhaponticum*이 있다. 그리고 한약으로 사용하는 *Rheum*속인 대황은 장엽대황(掌葉大黃, *Rheum palmatum*), 탕구트대황(*Rheum tanguticum*) 및 약용대황(*Rheum officinale*)의 뿌리 및 뿌리줄기를 말한다. 대황의 효능으로는 변비 치료, 혈액순환 개선, 어혈 제거작용이 있다.

| 요리 및 이용 | 서양에서는 중요한 채소로 이용한다. 잎자루를 연화시켜서 이용하는데 맛은 시고 향기가 있다. 잎자루의 껍질을 벗기고 썰어서 삶아 샐러드에 섞기도 하지만 파이, 젤리, 잼을 만들어 먹는다. 많이 먹으면 설사를 일으키며 잎은 식용하지 않는다.

| 약효 해설 | 완하작용이 있어 변비 치료에 효과적이다.

1.23 마늘

- **영어명** : garlic
- **한약명** : 대산(大蒜)
- **기타 명칭** : ail blanc(프랑스어), aglio(이태리어)
- **학명** : *Allium sativum* L.(식물명: 마늘)
- **과명** : 백합과(Liliaceae)
- **이용부위** : 비늘줄기

◎ 마늘 재배밭

○ 중국 산둥성 웨이하이의 호텔 식당에 나온 생마늘. 이곳 사람들은 요리가 나오기 전에 이 생마늘부터 먼저 먹는다.

| 재배지 | 중앙아시아가 원산지이며 이집트, 스페인, 이탈리아와 한국, 중국, 일본에서 대량 생산한다.

| 요리 및 이용 | 다양한 황 함유 화합물 때문에 나는 강한 향미로 동양 요리는 물론 프랑스, 이태리 요리에도 이용된다. 특히 우리나라에서는 각종 음식의 조미료로 사용하고 있다. 장아찌, 볶음 요리로 해서 먹으며 빵, 파스타 그리고 김치 등의 각종 요리에도 활용한다.

| 마늘의 약리성분 | 마늘의 대표 성분은 알리인(alliin)이다. 마늘을 자르거나 으깨면 이 성분은 마늘 속의 효소에 의해 자극성의 강한 냄새가 나는 알리신(allicin)으로 변한다. 마늘 속 효소는 열에 매우 약해서 가열하면 기능을 상실한다. 마늘을 열탕에 넣거나 구울 때 냄새가 나지 않는 이유도 이 때문이다.

| 동의보감 효능 | 대산(大蒜, 마늘)은 성질이 따뜻하고[열(熱)하다고도 한다] 맛이 매우며 독이 있다. 옹종(癰腫)을 헤치고 풍습(風濕)과 장기(瘴氣)를 없애며 현벽(痃癖)을 삭히고 냉과 풍증을 없애며 비를 든든하게 하고 위를 따뜻하게 하며 곽란으로 쥐가 이

동의보감에 수록된 마늘(대산)

는 것, 온역(瘟疫), 노학(勞瘧)을 치료하며 고독(蠱毒)과 뱀이나 벌레한테 물린 것을 낫게 한다. 오랫동안 먹으면 청혈작용[淸血]을 하여 머리털을 빨리 희게 한다.

| 한방 약미(藥味)와 약성(藥性) | 맛은 맵고 성질은 따뜻하다.

| 한방 효능 |

- 비위(脾胃) 부분을 따뜻하게 하고 체한 것을 소통시켜준다.
- 해독 효능이 있다.

| 약효 해설 |

- 기침 치료에 유효하다.
- 설사, 이질에 효과가 있다.
- 소종작용이 있다.
- 인체 간암세포, 결장암세포 증식을 막는 효과가 있다.

| 약용법 | 마늘의 비늘줄기 5~10g을 물 800mL에 넣고 달여서 반으로 나누어 아침저녁으로 마시거나 생마늘 또는 구운 마늘을 그대로 먹는다.

○ 풋마늘

○ 마늘장아찌

○ 일본 오사카 시장에서 판매 중인 마늘김치. '스태미너 김치'라고 홍보하고 있다.

❶❷ 마늘 비늘줄기

천연 향신료_마늘 97

1.24 마리골드(금잔화)

- **영어명** : marigold, pot marigold, ruddles, garden marigold, Scottish marigold
- **한약명** : 금잔국화(金盞菊花)
- **기타 명칭** : souci des jardins(프랑스어), calendola(이태리어)
- **학명** : *Calendula officinalis* L.
- **과명** : 국화과(Asteraceae, Compositae)
- **이용부위** : 두상화

◯ 마리골드의 어린 꽃과 잎

○ 마리골드 꽃

| **재배지** | 남유럽이 원산지이며 유럽, 중국, 일본에 분포한다. 우리나라 허브 농장에서 볼 수 있다.

| **식품공전** | 한국 <식품공전>의 '식품에 사용할 수 있는 원료' 부분에 마리골드의 이름으로 꽃이 수재되어 있어 식용 가능하다.

| **요리 및 이용** | 신선한 꽃잎은 독특한 빛깔과 풍미가 있어 요리에 사용하지만 보통은 음건해서 황색 착색료로 이용한다. 즉 잘게 잘라 우려낸 액을 치즈, 수프, 쌀 요리 등의 착색에 사용한다. 비싼 사프란에 비해 마리골드는 값이 싸므로 서민용 사프란이라고 불린다. 어린 생잎도 샐러드나 치즈 등에 첨가해서 먹는다.

| **한방 약미(藥味)와 약성(藥性)** | 맛은 싱거우며 성질은 평(平)하다.

| **한방 효능** |
- 열로 인해서 생긴 혈열을 식히고 지혈하는 효능이 있다.
- 열기를 식히고 화기를 제거하는 효능이 있다.

○ 마리골드의 꽃과 잎

○ 마리골드의 재배밭

○ 마리골드 꽃

| 약효 해설 |

- 눈이 충혈되면서 붓고 아픈 증상에 유효하다.
- 외용제로 상처 치료에 사용한다.
- 건조 피부, 습진에 국소적으로 사용한다.
- 구강 인후염에 효과가 있다.

| 약용법 | 꽃 5~10 송이를 물 800mL에 넣고 달여서 반으로 나누어 아침저녁으로 마신다.

1.25 마조람

- **영어명** : majoram
- **기타 명칭** : marjolaine(프랑스어), maggiorana(이태리어)
- **학명** : *Origanum majorana* L.
  (= *Majorana hortensis* Moench)
  [= *Majorana majorana* (L.) H. Karst]
- **과명** : 꿀풀과(Lamiaceae, Labiatae)
- **이용부위** : 잎, 꽃

◉ 마조람 지상부

○ 마조람 잎 생김새와 줄기

| **재배지** | 지중해 지역이 원산지이다. 중동지역 일부에서는 마조람을 오레가노로 부르기도 한다.

| **식품공전** | 한국 <식품공전>의 '식품에 사용할 수 있는 원료' 부분에 마조람의 잎, 줄기가 수재되어 있다.

| **요리 및 이용** | 마조람은 향신료나 정유로 활용한다. 유럽 요리에서 자주 사용하며 프랑스, 이탈리아 요리에서 흔히 볼 수 있다. 마조람을 고기, 소시지에 넣어 향과 맛을 내게 한다. 잎은 수프, 찜 요리, 생선 요리에 넣어 이용하며 꽃도 수프나 샐러드에 넣어 먹는다. 그리고 강장 효능을 가지는 허브 차로 마시기도 한다.

| **약효 해설** |
- 위장관 장애의 치료에 사용된다.
- 불안하거나 잠을 자지 못하는 증상에 효과가 있다.
- 혈압강하작용이 있다.

1.26 머위

- **영어명** : bog rhubarb, giant butterbur
- **한약명** : 봉두채(蜂斗菜) – 전초(全草)
- **기타 명칭** : 백채(白菜), 채로(菜蕗)
- **학명** : *Petasites japonicus* (Siebold & Zucc.) Maxim.
- **과명** : 국화과(Asteraceae, Compositae)
- **이용부위** : 어린잎, 줄기, 전초

○ 머위 지상부

| 재배지 | 우리나라 전역, 일본 및 중국에 분포한다.

| 관동화 | 우리나라에서는 머위의 꽃을 진해·거담 효능을 얻기 위해 관동(Tussilago farfara)의 꽃인 관동화(款冬花) 대신 사용하기도 한다.

| 요리 및 이용 | 머위는 약간 쓴맛이 있으면서 특유의 향기를 갖고 있다. 어린잎과 줄기를 삶아 아린 맛을 빼고 쌈을 싸서 먹거나 조림, 찜, 무침, 나물 등의 요리로 만들어 식용한다.

| 동의보감 효능 | 백채(白菜, 머위)는 성질이 평(平)하고 독이 없다. 줄기를 뜯어다 삶아 국이나 나물을 하여 먹으면 아주 좋다.

| 한방 약미(藥味)와 약성(藥性) | 전초의 맛은 쓰고 매우며 성질은 서늘하다.

동의보감에 수록된 머위(백채)

○ 머위 잎 생김새

○ 머위 꽃

○ 채취한 머위 잎

○ 시장에서 판매하는 머위 줄기

○ 머위 줄기는 삶아서 식용한다.

한방 효능

전초

- 열사를 제거하고 열독을 풀어준다.
- 어혈(瘀血)을 제거하고 종기를 없애준다.

약효 해설

- 건위, 해열작용이 있다.
- 진해작용이 있다.
- 목 안이 붓고 아픈 증상을 없앤다.
- 항염증작용이 있다.

약용법

전초 9~15g을 물 800mL에 넣고 달여서 반으로 나누어 아침저녁으로 마신다.

○ 머위 뿌리(건조 절단)

1.27 머틀

❖ **영어명** : myrtle, true myrtle
❖ **기타 명칭** : myrte(프랑스어), mirto(이태리어)
❖ **학명** : *Myrtus communis* L.
❖ **과명** : 도금양과(Myrtaceae)
❖ **이용부위** : 잎, 열매

○ 머틀 지상부

| 재배지 | 지중해 지역에서 아시아 남부에 걸쳐 재배되고 있다.

| 요리 및 이용 | 오랫동안 머틀의 잎과 열매는 요리에 사용되어왔다. 잎은 향기가 좋아 조리할 때 달콤한 맛을 내기 위해, 그리고 향기 나는 오일을 제조하기 위해 사용하며, 말린 열매는 갈아서 고기 요리에 풍미를 더하기 위해 첨가한다.

| 약효 해설 |

- 거담작용이 있다.
- 수렴 효과가 있다.
- 요도 살균제로 쓰인다.
- 오일은 진경, 항균, 항진균 작용이 있다.

○ 머틀 나무

○ 머틀 꽃

○ 꽃이 진 후의 머틀 잎

1.28 미나리

- **영어명** : water dropwort
- **한약명** : 수근(水芹)
- **기타 명칭** : 세리(芹, 일본어)
- **학명** : *Oenanthe javanica* de Candolle(식물명: 미나리)
- **과명** : 산형과(Apiaceae, Umbelliferae)
- **이용부위** : 지상부

◯ 미나리 지상부

○ 미나리 잎 생김새

○ 미나리 꽃

| **재배지** | 아시아가 원산지이며, 한국, 중국, 일본에서 재배한다.

| **요리 및 이용** | 뿌리와 줄기에 특유의 향이 있어 김치, 찜, 잡채, 무침 요리 등에 활용한다. 조리 시 뜨거운 물에 오래 두지 말고 살짝 삶아내야 한다.

| **동의보감 효능** | 수근(水芹, 미나리)은 성질이 평(平)하고(차다고도 한다) 맛이 달고 독이 없다. 번갈을 멎게 하고 정신이 좋아지게 하며 정(精)을 보충해주고 살찌고 건강해지게 한다. 술을 마신 뒤에 생긴 열독을 치료하는데 대소변을 잘 나가게 한다. 여자의 붕루, 대하와 어린이가 갑자기 열이 나는 것을 치료한다.

| **한방 약미(藥味)와 약성(藥性)** | 맛은 맵고 달며 성질은 서늘하다.

| **한방 효능** |
- 열사를 제거하고 열독을 풀어준다.
- 이뇨 효능이 있다.
- 지혈 효능이 있다.

동의보감에 수록된 미나리(수근)

○ 식용으로 유통되는 미나리

○ 돌미나리 잎과 줄기

○ 미나리 재배밭

○ 일본 오사카 시장에서 판매 중인 미나리김치   ○ 복국 국물에 데쳐 먹는 미나리

| 약효 해설 |

- 가슴이 답답하고 갈증이 심한 증상에 유효하다.
- 장기간 복용하면 기운이 난다.
- 건위작용이 있다.
- 식욕증진작용이 있다.
- 미나리의 플라보노이드 성분은 간 보호 및 알콜 해독작용이 있다.

| 약용법 | 지상부 30~60g을 물 800mL에 넣고 달여서 반으로 나누어 아침저녁으로 마신다.

1.29 바닐라

- **영어명** : vanilla
- **한약명** : 향초란(香草蘭)
- **기타 명칭** : 향초(香草), vanille(프랑스어), vaniglia(이태리어)
- **학명** : *Vanilla planifolia* L.
- **과명** : 난초과(Orchidaceae)
- **이용부위** : 열매

◐ 바닐라 잎과 줄기

○ 바닐라 열매

| 재배지 | 멕시코가 원산지이며 마다카스카르, 하와이, 인도네시아, 중미에서 대량 재배한다.

| 요리 및 이용 | 열매를 향신료로 사용하며 초콜릿, 아이스크림, 밀크셰이크, 커스터드 등에 널리 사용한다. 식용 외에 담배, 향수의 향료로도 활용한다. 바닐라에는 3%의 바닐린(vanillin)이 함유되어 있지만 30여 종의 다른 향미 성분도 존재한다.

| 한방 약미(藥味)와 약성(藥性) | 맛은 맵고 성질은 따뜻하다.

| 한방 효능 |

- 기를 내리고 속을 따뜻하게 하는 효능이 있다.
- 위를 따뜻하게 하며, 신(腎)이 폐에서 흡수한 기운을 받아들이는 효능이 있다.

| 약효 해설 |

- 기가 치밀어 올라 발생한 천식을 치료한다.
- 허리와 무릎이 연약하고 무력한 증상을 낫게 한다.
- 위액 분비를 촉진하는 건위작용이 있다.
- 담즙을 분비하고 배출하는 이담작용이 있다.
- 구풍작용이 있다.

| 약용법 | 열매 3~5g을 물 800mL에 넣고 달여서 반으로 나누어 아침저녁으로 마신다.

1.30 바질

- **영어명** : basil - 지상부
- **한약명** : 나륵(羅勒) - 지상부, 나륵자(羅勒子) - 씨
- **기타 명칭** : 난향(蘭香), basilic(이태리어), basilico(이태리어)
- **학명** : *Ocimum basilicum* L.
- **과명** : 꿀풀과(Lamiaceae, Labiatae)
- **이용부위** : 지상부

○ 바질 지상부

| 재배지 | 인도, 아프리카가 원산지이며 현재 아프리카, 중동, 인도, 동남아시아에 걸쳐 널리 분포한다.

| 식품공전 | 한국 <식품공전>의 '식품에 사용할 수 있는 원료' 부분에 바질이라는 이름으로 잎, 줄기가 수재되어 있다.

| 요리 및 이용 | 한약명이 나륵(羅勒)으로 동의보감에도 수재되어 있는 바질은 토마토와 궁합이 잘 맞으며 토마토 샐러드나 토마토 요리 어디든 잘 어울린다. 바질은 이탈리아 요리에 빠지지 않는 향신료로 특히 페스토(pesto) 소스의 기본이 되는 허브이며, 피자에도 활용한다. 생잎과 말린 잎을 광범위하게 사용한다.

| 동의보감 효능 | 나륵(羅勒, 바질)은 중초(위 부근의 부위)를 고르게 하고 음식이 소화되게 하며 나쁜 기운을 없앤다. 생것으로 먹는 것이 좋지만 많이 먹지 말아야 한다. 나륵자(羅勒子)는 눈에 예막[瞖]이 생긴 때와 눈

동의보감에 수록된
바질(나륵)

○ 바질 잎 생김새

○ 바질 꽃

에 무엇이 들어가서 나오지 않을 때 3~5알을 눈에 넣으면 잠시 후에 그것이 젖으면서 불어나 눈에 들어간 것과 같이 나온다.

| 한방 약미(藥味)와 약성(藥性) | 맛은 맵고 달며 성질은 따뜻하다.

| 한방 효능 |

- 습(濕)을 말리고 중초(中焦)를 조화롭게 하는 작용이 있다.
- 기를 잘 돌게 하고 피의 순환을 촉진하는 효능이 있다.
- 해독하고 부은 상처를 삭게 하는 효능이 있다.

| 약효 해설 |

- 입에서 나는 냄새와 치통 치료에 좋다.
- 류머티즘 관절염, 타박상 치료에 효과가 있다.
- 음식이 소화되지 않고 오랫동안 정체되는 현상을 치료한다.
- 신경성 두통과 구내염 치료작용이 있다.
- 강장 효능이 있다.

| 약용법 | 지상부 5~15g을 물 800mL에 넣고 달여서 반으로 나누어 아침저녁으로 마신다.

○ 바질 잎을 물에 넣으면 잎이 펴진다.

○ 바질 꽃과 잎

○ 바질 꽃대

1.31 박하

- **영어명** : mint, mentha herb
- **한약명** : 박하(薄荷)
- **기타 명칭** : 번하채(番荷菜), menthe du Japon(프랑스어), menta selvatica(이태리어)
- **학명** : *Mentha arvensis* Linné var. *piperascens* Malinvaud ex Holmes
  (식물명: 박하)
- **과명** : 꿀풀과(Zingiberaceae)
- **이용부위** : 뿌리줄기, 열매

◯ 박하 재배밭

○ 박하 잎 생김새

| 재배지 | 유럽과 아시아가 원산지이며 인도, 프랑스, 중국, 일본에서 대량 생산한다.

| 식품공전 | 한국 <식품공전>의 '식품에 사용할 수 있는 원료' 부분에 박하 지상부가 수재되어 있다.

| 방약합편 | 박하의 이름으로 우리나라 한방서인 <방약합편>의 향기 나는 한약(방초, 芳草) 편에 수재되어 있다.

| 요리 및 이용 | 향미의 주성분은 멘톨(menthol)로서 잎에는 약 60%가 함유되어 있다. 청량감이 특징이며 강한 향과 맛이 다른 요리 재료의 맛과 향을 없앨 수 있으므로 소량만 요리에 사용한다. 청량음료, 과일 샐러드, 디저트, 젤리 등에 첨가할 수 있다.

| 동의보감 효능 | 성질이 따뜻하고[溫] (평(平)하다고도 한다) 맛이 매우면서[辛] 쓰며[苦] 독이 없다. 모든 약 기운을 영위(榮衛)로 이끌어간다. 땀이 나게 하여 독이 빠지게 하는데 상한, 두통, 중풍, 적풍(賊風), 두풍

동의보감에 수록된 박하

○ 박하 꽃

○ 건조 가공된 박하 전초

(頭風)을 치료한다. 그리고 뼈마디가 잘 놀려지게 하며 몹시 피로한 것을 풀리게 한다. 밭에 심는데 생으로 먹을 수 있다. 또는 김치를 만들어 먹는다. 여름과 가을에 줄기와 잎을 따서 햇볕에 말려서 쓴다.

| 한방 약미(藥味)와 약성(藥性) | 맛은 맵고 성질은 서늘하다.

| 한방 효능 |

- 머리와 눈을 맑게 해준다.
- 인후(咽喉)를 편하게 한다.
- 막힌 것을 풀어내는 효능이 있다.

| 약효 해설 |

- 발산작용이 강하여 열이 나고 두통이 있는 데 효과가 있다.
- 충혈된 눈을 치료하는 데 좋다.
- 목 안이 붓고 아픈 증상에 도움이 된다.

| 약용법 | 지상부 또는 잎 3~6g을 물 800mL에 넣고 달여서 반으로 나누어 아침저녁으로 마시거나 적당량 외용한다.

1.32 방아풀(연명초)

- **한약명** : 연명초(延命草), 사릉간(四棱杆)
- **학명** : *Isodon japonicus* (Burm.) Hara(식물명: 방아풀)
  [= *Plectranthus japonicus* (Burm.) Koidzumi]
  [= *Rabdosia japonica* (Burm.) Hara]
- **과명** : 꿀풀과(Lamiaceae, Labiatae)
- **이용부위** : 잎

○ 방아풀 잎

| 재배지 | 한국 전역에 분포한다.

| 학명 | '국가표준식물목록'과 '국가생물종지식정보시스템'에서는 정명으로 방아풀, *Isodon japonicus*으로, 이영노 선생의 <한국식물도감>에서는 *Rabdosia japonica*로 기재하고 있다.

| 식품공전 | 한국 <식품공전>의 '식품에 사용할 수 있는 원료' 부분에 방아풀 명칭으로 어린잎이 수재되어 있다.

| 요리 및 이용 | 독특한 향이 있는 잎은 찌개, 국, 탕에 넣어 향신료로 사용한다. 전으로 부치거나 튀겨 먹으며 차로 만들어 마시기도 한다.

| 한방 약미(藥味)와 약성(藥性) | 맛은 쓰고 성질은 서늘하다.

| 한방 효능 |
- 열사를 제거하고 열독을 풀어준다.
- 혈액순환을 촉진하고 부은 종기나 상처를 치료한다.

| 약효 해설 |
- 간염, 위염에 유효하다.
- 관절 동통에 효과가 있다.
- 소화작용이 있다.

| 약용법 | 잎 9~15g을 물 800mL에 넣고 달여서 반으로 나누어 아침저녁으로 마신다.

○ 방아풀 꽃과 잎

○ 방아풀 재배밭

○ 식용으로 채취한 방아풀 잎

○ 전라도와 경상도 일부 지역에서는 추어탕에 방아풀 잎을 넣어 먹는다.

1.33 버넷

- **영어명** : burnet, salad burnet, garden burnet
- **기타 명칭** : pimprenelle(프랑스어), pimpinella(이태리어)
- **학명** : *Sanguisorba minor* Scop.
- **과명** : 장미과(Rosaceae)
- **이용부위** : 잎

○ 버넷 잎과 줄기

○ 버넷의 잎 생김새

○ 버넷(*Sanguisorba minor ssp. minor*) 꽃과 열매

○ 버넷 잎

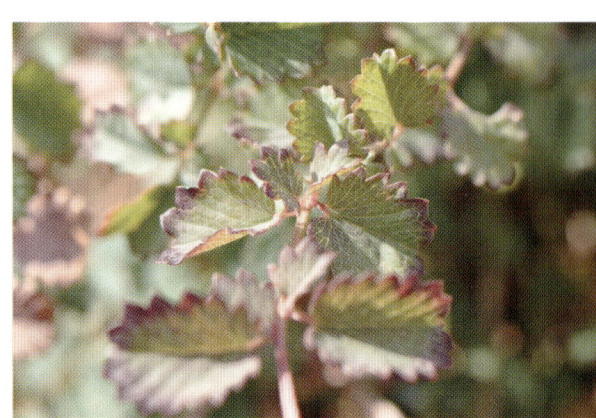
○ 버넷 잎

| 재배지 | 유럽 중부와 남부가 원산지이다.

| 요리 및 이용 | 생잎은 오이 맛이 나며 샐러드나 치즈, 버터에 넣거나 빵과 함께 먹어도 맛있다.

| 약효 해설 |
- 잎은 요리용 허브로 사용한다.
- 말린 뿌리는 지혈제로 쓰인다.

1.34 베르가모트

- **영어명** : bergamot, crimson beebalm, scarlet beebalm, Oswego tea
- **학명** : *Monarda didyma* L.
- **과명** : 꿀풀과(Lamiaceae, Labiatae)
- **이용부위** : 지상부

○ 베르가모트 지상부

○ 베르가모트 잎과 줄기

○ 베르가모트 잎 생김새(위에서 본 모습)

○ 베르가모트 꽃대

| 재배지 | 북미가 원산지이며 우리나라에서도 재배한다.

| 요리 및 이용 | 꽃에 향기가 있으며 생잎은 차로 활용하기도 한다.

| 한방 약미(藥味)와 약성(藥性) | 맛은 맵고 성질은 뜨겁다.

| 약효 해설 |

- 감기 치료에 효과가 있다.
- 소화작용이 있다.
- 방부 효과가 있다.

1.35 보리지

- **영어명** : borage, starflower
- **기타 명칭** : bourrache(프랑스어), boragine(이태리어)
- **학명** : *Borago officinalis* L.
- **과명** : 지치과(Boraginaceae)
- **이용부위** : 잎, 꽃, 씨

○ 보리지 지상부

○ 보리지 꽃대

○ 보리지 꽃 뒷면

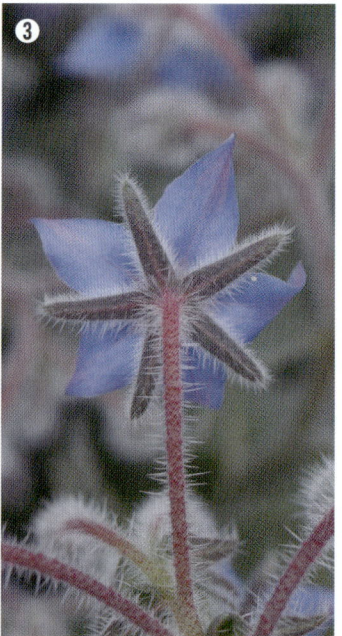

❶❷❸ 보리지 꽃

| **재배지** | 중동이 원산지로 알려져 있으며, 유럽 남부와 지중해 지역에서 천연적으로 자란다.

| **식품공전** | 한국 <식품공전>의 '식품에 사용할 수 있는 원료' 부분에 보리지 이름으로 잎, 꽃, 씨가 수재되어 있다.

| **요리 및 이용** | 요리용 허브로 사용하는데 어린잎과 꽃은 샐러드, 수프, 파스타 요리에 넣어 식용한다. 어린잎은 한때 삶아 먹는 나물로도 인기가 있었다.

| **건강기능식품의 기능성** |
- 보리자 씨 성분인 감마리놀렌산 함유 유지(油脂)는 우리나라 <건강기능식품>에 수재되어 있다.
- 혈중 콜레스테롤 개선, 혈행 개선에 도움을 줄 수 있다.

| **약효 해설** |
- 강장작용이 있다.
- 이뇨, 발한작용이 있다.
- 거담, 항염증작용이 있다.
- 진정작용이 있으며 항우울제로 사용할 수 있다.
- 장기간 사용은 금한다.

1.36 부추

- **영어명** : garlic chive, Chinese leek
- **한약명** : 구채(韮菜) - 지상부, 구자(韮子) - 씨
- **기타 명칭** : 구(韮), 가구자(家韮子), ciboule de chine à feuilles larges(프랑스어)
- **학명** : *Allium tuberosum* Rottler(식물명: 부추)
- **과명** : 백합과(Liliaceae)
- **이용부위** : 지상부, 씨

◉ 재배밭의 부추 잎

○ 부추 꽃과 줄기

| 재배지 | 동아시아와 인도 북서부가 원산지이며 한국, 중국, 일본, 동남아시아에서 재배한다.

| 요리 및 이용 | 독특한 향기와 매운맛은 유화 아릴(diallylsulfide, diallyltrisulfide) 성분에 의한 것이다. 부추전을 비롯하여 샐러드, 나물 요리, 김치 등에 이용한다.

| 동의보감 효능 | 구채(韭菜, 부추)는 성질이 따뜻하고(열하다고도 한다) 맛이 매우면서 약간 시고 독이 없다. 이 약 기운은 심으로 들어가는데 오장을 편안하게 하고 위(胃) 속의 열기를 없애며 허약한 것을 보하고 허리와 무릎을 덥게 한다. 흉비증(胸痺證)도 치료한다. 부추는 가슴 속에 있는 궂은 피(惡血)와 체한 것을 없애고 간기를 든든하게 한다. 즙을 내어 먹거나 김치를 담가 먹어도 좋다. 구채자(韭菜子, 부추 씨)는 성질이 따뜻하다. 몽설(夢泄)과 오줌에 정액이 섞여 나오는 것을 치료하는데 허리와 무릎을 덥게

동의보감에 수록된
부추(구채)

천연 향신료_부추

하고 양기(陽氣)를 세게 한다. 유정과 몽설을 치료하는 데 아주 좋다. 약으로 쓸 때에는 약간 볶아서 쓴다.

| 한방 약미(藥味)와 약성(藥性) |

지상부

맛은 맵고 성질은 따뜻하다.

씨

맛은 맵고 달며 성질은 따뜻하다.

| 한방 효능 |

지상부

- 신(腎)을 보한다.
- 비위(脾胃) 부분을 따뜻하게 한다.
- 기를 잘 돌게 한다.
- 어혈(瘀血)을 제거한다.
- 해독 효능이 있다.

씨

- 간, 신(腎)의 기능을 보한다.
- 허리와 무릎을 따뜻하게 하는 효능이 있다.

○ 부추 씨

| 약효 해설 |

지상부
- 건위작용이 있다.
- 강장작용이 있다.
- 혈압강하작용이 있다.
- 관상동맥 장애에 유효하다.

씨
- 양기 쇠약증, 발기부전에 유효하다.
- 무릎과 허리가 아픈 증상을 개선한다.

| 약용법 | 지상부는 60~120g을 먹는다. 씨는 6~12g을 물 800mL에 넣고 달여서, 반으로 나누어 아침저녁으로 마신다.

○ 라면에 넣어 먹는 부추(일본 오사카)

○ 식재료로 유통되는 부추

1.37 사프란

- **영어명** : saffron, saffron crocus
- **한약명** : 서홍화(西紅花)
- **기타 명칭** : 번홍화(蕃紅花), safran(프랑스어), zafferano(이태리어)
- **학명** : *Crocus sativus* L.(식물명: 사프란)
- **과명** : 붓꽃과(Iridaceae)
- **이용부위** : 꽃(암술머리)

○ 말린 사프란의 암술머리

○ 말린 사프란 꽃으로 만든 향신료 제품(프랑스)

| **재배지** | 유럽 남부와 서남아시아가 원산지이며 스페인, 프랑스, 이탈리아, 인도, 파키스탄, 이란에서 재배한다.

| **황금 같은 사프란** | 세계에서 가장 비싼 향신료가 사프란이다. 사프란의 무게는 황금과 동등한 가격으로 매겨졌다고 한다. 1개의 구근에서 2~3송이의 꽃이 피며 꽃 1송이에는 3갈래로 갈라진 1개의 빨간 암술이 있는데, 이것을 따서 말린 것이 사프란이다. 1g의 사프란을 얻으려면 1천 개에 가까운 암술을 따서 말려야 한다.

| **식품공전** | 한국 <식품공전>의 '식품에 사용할 수 있는 원료' 부분에 사프란 이름으로 암술머리가 수재되어 있다.

| **요리 및 이용** | 꽃을 건조시킨 향신료로서 독특한 방향과 약한 쓴맛이 있다. 사프란을 요리에 이용할 때는 주로 착색을 목적으로 사용하는 경우가 많다. 적은 양으로도 충분히 착색되므로 많은 양을 사용하지 않는다. 치즈, 버터의 향미료로 사용된다.

○ 사프란 꽃

○ 건조 가공하여 향신료로 사용하는 사프란 꽃

| **한방 약미(藥味)와 약성(藥性)** | 맛은 달고 성질은 평(平)하다.

| **한방 효능** |

- 혈 운행을 활발히 하여 어혈(瘀血)을 없앤다.
- 혈열을 식히고 해독한다.
- 막힌 것을 풀고 마음을 안정시키고 진정시킨다.

| **약효 해설** |

- 통경작용이 있다.
- 갱년기장애 개선에 도움이 된다.
- 기억장애 개선에 도움이 된다.
- 가슴이 답답하고 잘 놀라는 증상을 치료한다.

| **약용법** | 꽃 1~3g을 물 800mL에 넣고 달여서, 반으로 나누어 아침저녁으로 마신다.

1.38 산초

❖ **영어명** : Chinese pepper, Japanese pepper
❖ **한약명** : 산초(山椒)
❖ **기타 명칭** : 화초(花椒), 촉초(蜀椒), poivre du Setchuan(프랑스어)
❖ **학명** : *Zanthoxylum piperitum* De Candolle(식물명: 초피나무)
　　　　　Zanthoxylum schinifolium Siebold et Zuccarini(식물명: 산초나무)
　　　　　Zanthoxylum bungeanum Maximowicz(식물명: 화초)
❖ **과명** : 운향과(Rutaceae)　　❖ **이용부위** : 잘 익은 열매껍질

◐ 산초나무 지상부

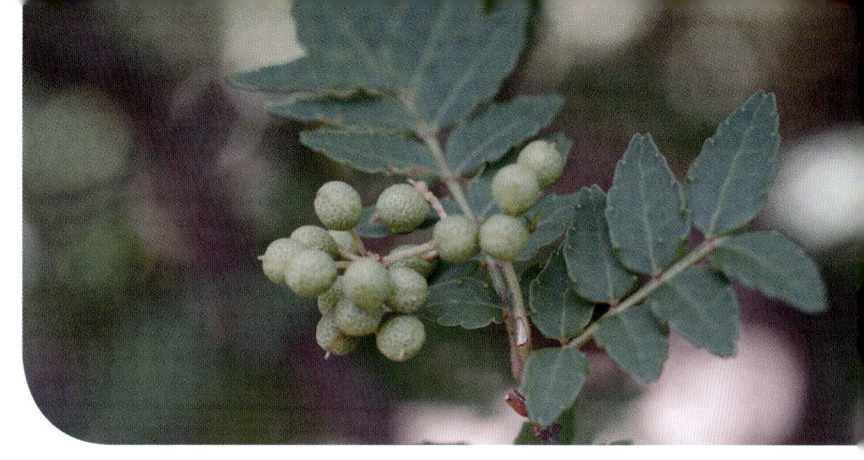

○ 산초라는 한약명으로 불리는 초피나무 열매

| 재배지 | 중국, 일본이 원산지이며 한국, 중국, 일본에서 재배한다.

| 산초란? | 한방에서 식물인 초피나무, 산초나무 또는 화초의 잘 익은 열매껍질을 모두 한약명으로 산초(山椒)라 부른다.

| 산초나무와 초피나무의 구별 | 산초나무(*Zanthoxylum schinifolium*)는 가시가 어긋나기를 하고 초피나무(*Zanthoxylum piperitum*)는 가시가 마주난다. 가시의 배열 형태로 두 식물의 형태학적 구별이 가능하다.

| 요리 및 이용 | 잘 익은 열매껍질을 가루로 하여 추어탕, 김치 등에 첨가하면 매운맛을 더해준다.

| 매운 성분 | 향을 내는 주성분인 시트로네랄(citroneral), 산슐(sanshool) 성분은 과피에 함유되어 있고 씨에는 없다. 이 매운 성분은 변화하기 쉬워 오랫동안 방치하면 쉽게 없어진다. 그래서 원형 그대로 과피로 보관하고 사용 시 가루로 만들어 사용하는 것이 좋다.

| 동의보감 효능 | 촉초(蜀椒, 산초)의 성질은 열(熱)하며 맛은 맵고 독이 있다(독이 조금 있다고도 한다). 속을 따뜻하게 하

동의보감에 수록된 산초(촉초)

천연 향신료_산초 143

○ 시장에서 파는 산초 열매(씨를 없애고 열매껍질을 사용)

○ 가지의 가시가 마주나 있는 초피나무

○ 중국의 화초(산초) 제품

○ 중국 간쑤성 룽시(龍西)현의 한 식당에서 나온 닭고기에 땅콩과 고추를 넣어 볶은 궁폭계정(宮爆鷄丁) 요리에 화초(산초)가 들어가 있다.

○ 중국 닝샤회족자치구 징위안(涇源)현의 한 식당에서 나온 닭고기 요리에 화초(산초)가 들어가 있다.

며 피부의 죽은 살, 한습비(寒濕痺)로 아픈 것을 낫게 한다. 또한 육부에 있는 한랭기운을 없애며 귀주(鬼疰), 고독(蠱毒)을 낫게 하고 벌레 독이나 생선 독을 없애며 치통을 멈추고 성기능을 높이며 음낭에서 땀 나는 것을 멈춘다. 허리와 무릎을 덥게 하며 오줌 횟수를 줄이고 기를 내려가게 한다. 일명 천초(川椒), 파초(巴椒), 한초(漢椒)라고도 한다.

| 한방 약미(藥味)와 약성(藥性) | 맛은 맵고 성질은 따뜻하다.

| 한방 효능 |

- 속을 따뜻하게 하고 통증을 없애준다.
- 습사(濕邪)를 제거하고 설사를 멈추게 한다.

| 약효 해설 |

- 건위, 식욕증진 효능이 있다.
- 복부가 차고 아픈 증상을 낫게 한다.
- 구토, 설사를 일으킬 때 쓴다.
- 회충 구제 효능이 있다.
- 초피나무 잎과 잎에서 분리한 성분은 간 보호작용이 있다.

| 약용법 | 열매껍질 3~6g을 물 800mL에 넣고 달여서 반으로 나누어 아침저녁으로 마시거나 적당량 외용한다.

1.39 생강

- **영어명** : ginger
- **한약명** : 생강(生薑)-신선한 뿌리줄기, 건강(乾薑)-건조한 뿌리줄기
- **기타 명칭** : 건강(乾薑), gingembre(프랑스어), zénzero(이태리어)
- **학명** : *Zingiber officinale* Roscoe(식물명: 생강)
- **과명** : 생강과(Zingiberaceae)
- **이용부위** : 뿌리줄기

◉ 생강 잎과 줄기

○ 생강 잎줄기

○ 재배밭에서 채취한 생강의 뿌리줄기

| 재배지 | 열대아시아, 인도가 원산지로 추정되며 현재는 아시아, 아프리카, 아메리카 대부분의 나라에서 재배한다.

| 건강이란? | 건강은 생강의 주피를 벗겨 쪄서 건조한 것이다. 생강과 건강은 함유 성분에서 차이가 난다. 생강에는 6-진저롤(gingerol) 성분이 있으나 6-쇼가올(shogaol) 성분이 없는 반면 건강에는 6-쇼가올이 많이 함유되어 있어 효능에서 차이가 난다.

| 요리 및 이용 | 우리나라에서는 주로 생강을 다져서 양념으로 사용하며 이를 이용한 식품은 생강 장아찌, 생강 수정과, 생강차 등이 있다. 고기 요리, 생선 요리, 수프, 소스에 맛을 내기 위해 활용한다.

| 동의보감 효능 | 생강(生薑)은 성질이 약간 따뜻하고 맛이 매우며 독이 없다. 오장으로 들어가

동의보감에 수록된 생강

○ 생강 재배밭

고 담을 삭이며 기를 내리고 토하는 것을 멎게 한다. 또한 풍한사와 습기를 없애고 딸꾹질하며 기운이 치미는 것과 숨이 차고 기침하는 것을 치료한다. 옛날에 생강을 먹는 것을 그만두지 말라고 한 것은 늘 먹으라는 말이다. 그러나 많이 먹지 말아야 하며 밤에 먹어서는 안 된다. 또한 음력 8~9월에 생강을 많이 먹으면 봄에 가서 눈병이 생기고 오래 살지 못하게 되며 힘이 없어진다. 건강(乾薑)은 성질이 몹시 열하고 맛이 매우며(쓰다고도 한다) 독이 없다. 오장육부를 잘 통하게 하고 팔다리와 뼈마디를 잘 놀릴 수 있게 하며 풍, 한, 습비를 몰아낸다. 곽란으로 토하고 설사하는 것과 찬 기운으로 명치가 아픈 것, 설사와 이질을 치료한다. 비위를 덥게 하고 오래된 식체를 삭히며 냉담(冷痰)을 없앤다. 건강을 많이 쓰면 정기(正氣)가 줄어드는데 이렇게 될 때에는 생감초를 써서 완화시켜야 한다. 물에 씻어서 싼 다음 약한 불에 구워 쓴다.

| 한방 약미(藥味)와 약성(藥性) |

생강
맛은 맵고 성질은 약간 따뜻하다.

건강
맛은 맵고 성질은 덥다.

| 한방 효능 |

생강

- 표부(表部)를 풀어주고 차가운 기운을 없애주는 효능이 있다.
- 중초[中焦, 위의 소화작용을 맡은 심장에서 배꼽 사이의 부분]를 따뜻하게 하고 구토를 가라앉힌다.

건강

- 중초를 따뜻하게 하여 한사(寒邪)를 제거한다.
- 폐(肺)를 따뜻하게 하여 담(痰)을 없애는 효능이 있다.

| 약효 해설 |

생강

- 소화가 안 되고 구토가 일어날 때 사용한다.
- 기침, 가래가 있을 때 유효하다.

건강

- 소화가 안 되고 구토, 설사가 일어날 때 유효하다.
- 기침이 나고 호흡이 가쁠 때 사용한다.

| 약용법 | 신선한 뿌리줄기 3~10g을 물 800mL에 넣고 달여서 반으로 나누어 아침저녁으로 마시거나 적당량 외용한다.

○ 향신료로 쓰이는 생강

○ 껍질을 벗긴 생강

1.40 서양고추냉이

- **영어명** : horseradish
- **한약명** : 랄근(辣根)
- **기타 명칭** : raifort(프랑스어), cren(이태리어), 세이요우 와사비(西洋山葵, 일본어)
- **학명** : *Armoracia rusticana* L.
- **과명** : 십자화과(Brassicaceae, Cruciferae)
- **이용부위** : 뿌리

○ 서양고추냉이 잎

○ 서양고추냉이 지상부

| 재배지 | 동남부 유럽이 원산지이며 인도, 베트남, 중국, 인도네시아에서 재배한다.

| 요리 및 이용 | 뿌리 껍질을 벗겨 갈아서 즙을 내어 드레싱, 소스, 샐러드에 사용하며 고기나 생선 요리에도 활용한다. 매운맛 성분은 아릴이소티오시아네이트(allylisothiocyanate)가 주성분이다. 고추냉이와 비슷한 향이 있지만 고추냉이에 비해 매운맛이나 향기가 약하다.

| 한방 약미(藥味)와 약성(藥性) | 맛은 맵고 성질은 따뜻하다.

| 한방 효능 |
- 비위를 조화롭게 하여 음식을 소화시킨다.
- 이담 효능이 있다.
- 이뇨 효능이 있다.

| 약효 해설 |
- 소화불량에 효과가 있다.
- 담낭염에 유효하다.

| 약용법 | 뿌리 적당량을 내복한다.

1.41 세이버리

- **영어명** : savory, summer savory, winter savory
- **기타 명칭** : sarriette des montagnes(프랑스어), erba peverella(이태리어), 키타치 핫카(木立薄荷, 일본어)
- **학명** : *Satureja hortensis* L.(식물명: 여름세이버리)
  Satureja montana L.(식물명: 겨울세이버리)
- **과명** : 꿀풀과(Lamiaceae, Labiatae)
- **이용부위** : 잎, 꽃

○ 겨울세이버리의 지상부

○ 겨울세이버리의 꽃과 잎

○ 여름세이버리의 잎

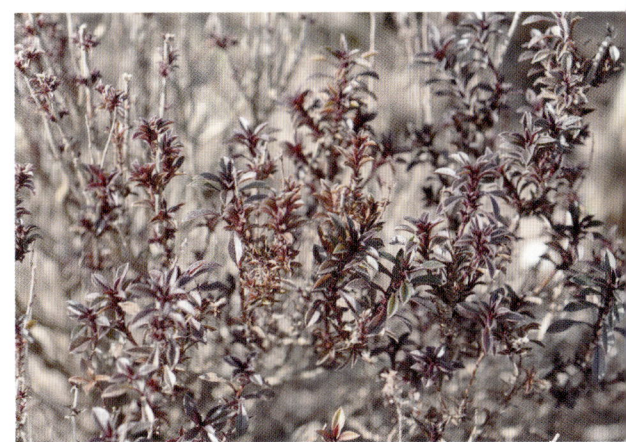

○ 여름세이버리의 지상부

| 재배지 | 유럽 동남부가 원산지이며 프랑스, 스페인, 독일, 미국이 주산지이다.

| 요리 및 이용 | 세이버리의 향미는 박하와 비슷하다. 잎을 샐러드, 소스에 넣으면 좋은 향과 맛이 난다. 말려서 허브 차로 만들어 하루에 2~3회 마셔도 좋다.

| 약효 해설 |

- 기침, 천식 치료에 쓰인다.
- 위장질환에 유효하다.
- 살균작용이 있다.

1.42 세이지

- **영어명** : sage, garden sage
- **기타 명칭** : sauge(프랑스어), salvia(이태리어)
- **학명** : *Salvia officinalis* L.
- **과명** : 꿀풀과(Lamiaceae, Labiatae)
- **이용부위** : 잎

◉ 재배밭의 세이지 잎

○ 세이지 꽃과 잎

| **재배지** | 유럽 남부와 지중해 동부지역이 원산지이며 러시아, 영국, 프랑스, 이탈리아, 독일이 주산지이다.

| **식품공전** | 한국 <식품공전>의 '식품에 사용할 수 있는 원료' 부분에 세이지 이름으로 잎이 수재되어 있다.

| **요리 및 이용** | 세이지는 강하고 향기로우면서 약간 쓴 맛이 있어서 채소, 샐러드, 소스, 수프, 치즈에 맛을 내는 데 사용한다. 향이 강하므로 요리에 넣을 때는 소량 사용한다.

| **약효 해설** |
- 위장장애, 소화불량에 유효하다.
- 항당뇨 효능이 있다.
- 진경, 구풍작용이 있다.
- 구강 청량 및 구취 방지작용이 있다.
- 정신안정작용이 있다.

○ 세이지 잎. 자세히 보면 잎이 점같이 오돌토돌하다.

○ 세이지 지상부

1.43 셀러리

- **영어명** : celery
- **한약명** : 한근(旱芹)
- **기타 명칭** : 미국근채(美國芹菜), 양근(洋芹), 근채(芹菜), céleri(프랑스어), sédano(이태리어), 세러리 닌진(芹人蔘, 일본어)
- **학명** : *Apium graveolens* L.
- **과명** : 산형과(Apiaceae, Umbelliferae)
- **이용부위** : 지상부

○ 셀러리 줄기와 잎

○ 셀러리 잎과 줄기

| **재배지** | 남유럽, 스웨덴이 원산지이며 세계 여러 지역에서 재배한다.

| **셀러리의 종류** | 향이 나는 셀러리는 3종이 알려져 있다. 즉 줄기 셀러리(*Apium graveolens* L. var. *dulce*), 뿌리 셀러리(*Apium graveolens* L. var. *rapaceum*) 그리고 중국 셀러리(*Apium graveolens* L. var. *secalinum*) 이다.

| **요리 및 이용** | 잎이나 줄기에는 부드럽고 신선한 향미가 있다. 생으로 샐러드로 만들어 먹을 수 있으며 다른 채소를 섞어 다양하게 하면 독특하고 상쾌한 맛을 즐길 수 있다. 주스로 만들어 마셔도 좋고 수프나 생선국에 넣어 식용하기도 한다. 씨는 케첩이나 소스의 향을 내는 데 주로 사용한다.

| **한방 약미(藥味)와 약성(藥性)** | 맛은 달고 매우며 성질은 서늘하다.

| **한방 효능** |
- 간의 기운을 조화롭게 유지한다.
- 열을 내린다.
- 풍(風)을 제거한다.
- 지혈 효능이 있다.
- 해독 효능이 있다.

○ 식용하는 중국산 셀러리

○ 셀러리 잎

○ 셀러리 줄기

| 약효 해설 |

- 가래, 기침 제거에 효과가 있다.
- 황달에 유효하다.
- 혈뇨(血尿)에 유효하다.

| 약용법 | 지상부 9~15g을 물 800mL에 넣고 달여서 반으로 나누어 아침저녁으로 마신다.

1.44 소럴(수영)

- **영어명** : sorrel
- **한약명** : 산모엽(酸模葉) - 잎, 산모(酸模) - 뿌리
- **기타 명칭** : oseille(프랑스어), acetosa(이태리어)
- **학명** : *Rumex acetosa* L.(식물명: 수영)
- **과명** : 여뀌과(Polygonaceae)
- **이용부위** : 잎, 뿌리

○ 소럴(수영) 잎

| **재배지** | 유럽과 아시아 북부가 원산지이며 한국 전역, 일본 등에서 자란다.

| **식품공전** | 한국 <식품공전>의 '식품에 사용할 수 있는 원료' 부분에 수영 이름으로 잎, 뿌리가 수재되어 있다.

| **요리 및 이용** | 어린 생잎을 샐러드에 넣어서 먹는다. 잎은 수산(oxalic acid) 성분이 함유되어 있어 시고 쓴맛이 있다. 요리 재료로 다양하게 쓰이는데 특히 프랑스 전통 요리에서 많이 사용한다.

| **한방 약미(藥味)와 약성(藥性)** |

잎

맛은 시고 약간 쓰며 성질은 차다.

뿌리

맛은 시고 약간 쓰며 성질은 차다.

○ 소럴(수영)의 잎과 줄기

○ 소럴(수영)의 꽃   ○ 소럴(수영)의 열매

| 한방 효능 |

잎

- 이뇨 효능이 있다.
- 열로 인해서 생긴 혈열을 식히고 지혈하는 효능이 있다.
- 해독 효능이 있다.

뿌리

- 열로 인해서 생긴 혈열을 식히고 지혈하는 효능이 있다.
- 열을 식혀 대변을 잘 나오게 하는 효능이 있다.
- 이뇨 효능이 있다.
- 살충 효능이 있다.

| 약효 해설 |

잎

- 변비, 소변불리(小便不利)에 효과가 있다.
- 습진에 유효하다.

뿌리

- 눈이 충혈되는 증상을 낫게 한다.
- 변비에 유효하다.
- 토혈, 변혈 치료에 도움이 된다.
- 옴, 버짐에 짓찧어 붙인다.

| 약용법 | 잎 15~30g 또는 뿌리 9~15g을 물 800mL에 넣고 달여서 반으로 나누어 아침저녁으로 마시거나 적당량 외용한다.

1.45 스타아니스(팔각회향)

- **영어명** : star anise
- **한약명** : 팔각회향(八角茴香)
- **기타 명칭** : 대회향(大茴香), anis étoillé(프랑스어), anice stellato(이태리어)
- **학명** : *Illicium verum* Hook. f.(식물명: 팔각회향)
- **과명** : 붓순나무과(Illiciaceae)
- **이용부위** : 열매

○ 팔각회향(스타아니스) 나무

○ 팔각회향(스타아니스) 잎

○ 중국 광시좡족자치구 팡청강(防城港)에서 재배 중인 팔각회향의 열매(스타아니스)

| 재배지 | 중국 남동부와 베트남 북동부가 원산지이며 중국, 베트남, 인도네시아에서 많이 재배한다. 특히 중국이 세계 총생산량의 80% 이상을 차지한다.

| 팔각회향, 회향, 소회향 | 회향이라는 이름이 들어가는 향신료는 회향(페널), 소회향(딜) 그리고 팔각회향(스타아니스)이다. 이중 팔각회향(스타아니스)은 과명(科名)이 붓순나무과이고 회향(페널)과 소회향(딜)은 산형과로서 과명이 다른 식물이다.

| 식품공전 | 한국 <식품공전>의 '식품에 사용할 수 있는 원료' 부분에 스타아니스 명칭으로 열매와 씨가 수재되어 있다.

| 요리 및 이용 | 매운맛과 쓴맛을 가지는 독특한 향미가 특징이다. 오리, 닭, 돼지고기를 이용한 요리 중에서 찜이나 조림처럼 오래 조리하는 요리에 스타아니스를 첨가하면 주재료의 나쁜 냄새를 제거하면서 독특한 향으로 요리의 맛을 살리는 역할을 한다.

| 타미플루의 원료가 된 스타아니스 | 스위스 제약회사 '로슈홀딩'은 팔각회향으로 전 세계 제약시장을 장악했다. 스타아니스의 열매에서 면역력을 높이는 성분인 시킴산(shikimic acid)을 추출해 신종 플루 치료제로 유명한 '타미플루'라는 신약을 개발했기 때문이다. 당시 스타아니스 한약이 많은 과학자들로부터 주목을 받았다.

| 한방 약미(藥味)와 약성(藥性) | 맛은 맵고 성질은 따뜻하다.

| 한방 효능 |

- 성질이 더운 약을 써서 양기(陽氣)를 통하게 하고 한사(寒邪)를 없애는 효능이 있다.
- 기를 다스려 통증을 멎게 한다.

| 약효 해설 |

- 방향성 건위약, 진통약으로 배가 더부룩하거나 구토, 추위로 인한 복통에 쓴다.
- 건위, 구풍작용이 있다.
- 진통, 항균작용이 있다.

| 약용법 | 열매 3~6g을 물 800mL에 넣고 달여서 반으로 나누어 아침저녁으로 마신다.

○ 중국에서 향신료로 사용하는 팔각회향(스타아니스) 제품   ○ 프랑스의 팔각회향(스타아니스) 제품

❶ 팔각회향(스타아니스) 생열매 / ❷❸❹ 건조한 팔각회향(스타아니스) 열매

1.46 스피아민트

- **영어명** : spearmint, spear mint
- **한약명** : 류란향(留蘭香)
- **기타 명칭** : 남박하(南薄荷), 향화채(香花菜), menthe douce(프랑스어), menta ricciuta(이태리어)
- **학명** : *Mentha spicata* L.
- **과명** : 꿀풀과(Lamiaceae, Labiatae)
- **이용부위** : 지상부

◯ 재배밭의 스피아민트 잎

○ 스피아민트 잎 생김새

| **재배지** |　유럽이 원산지이며 이집트와 동유럽에서도 대량 생산한다.

| **요리 및 이용** |　소스, 샐러드, 채소에 풍미를 더하기 위해 요리용 허브로 널리 사용하거나 차로 활용한다.

| **한방 약미(藥味)와 약성(藥性)** |　맛은 맵고 성질은 약간 따뜻하다.

| **한방 효능** |
- 감기에 유효하다.
- 중초(中焦)를 조화롭게 한다.
- 기(氣)를 통하게 한다.

| **약효 해설** |
- 감기를 치료하고 소화작용이 있다.
- 기침을 없애고 두통, 월경통을 치료한다.
- 정유 성분은 항진균작용이 있다.

| **약용법** |　지상부 3~9g을 물 800mL에 넣고 달여서 반으로 나누어 아침저녁으로 마시거나 적당량 외용한다.

○ 스피아민트 잎

1.47 시설리

- **영어명** : cicely, sweet cicely
- **기타 명칭** : 구주몰약(歐洲沒藥), cerfeuil odorant(프랑스어), finocchio dei boschi(이태리어)
- **학명** : *Myrrhis odorata* (L.) Scop.
- **과명** : 산형과(Apiaceae, Umbelliferae)
- **이용부위** : 잎, 열매

○ 시설리 잎

◐◑ 시설리 지상부

| 재배지 | 유럽이 원산지이다.

| 요리 및 이용 | 잎과 열매를 샐러드, 수프, 음료 등에 요리용 허브로 사용할 수 있다. 잎은 달콤한 향을 가지고 있어 설탕을 섭취하지 못하는 사람에게 유용한 요리 재료로 사용할 수 있으며, 열매도 감미롭고 강한 맛을 내기 위해 고기 요리에 쓰인다.

| 약효 해설 |
- 거담작용이 있다.
- 이뇨 효능이 있다.

1.48 아티초크류 1_아티초크

- **영어명** : artichoke, globe artichoke
- **한약명** : 채계(菜薊)
- **기타 명칭** : artichaut(프랑스어), carciofo(이태리어)
- **학명** : *Cynara scolymus* L.
- **과명** : 국화과(Asteraceae, Compositae)
- **이용부위** : 두화(頭花, 꽃대 끝에 많은 꽃이 뭉쳐 붙어서 머리 모양을 이룬 꽃. 두상화와 같은 말)

● 아티초크 열매와 잎

○ 스페인 바르셀로나에서 판매 중인 아티초크

| **재배지** |　아티초크는 지중해 연안 지역이 원산지로 프랑스, 스페인, 이탈리아, 미국이 세계 최대의 생산지이며 이들 지역에서 광범위하게 식용되고 있다. 우리나라에는 제주도, 전남 지역에서 재배한다.

| **식품공전** |　한국 <식품공전>의 '식품에 사용할 수 있는 원료' 부분에 어린순과 어린잎이 수재되어 있다.

| **요리 및 이용** |　아티초크는 익혀서 적당한 소스와 함께 먹는다. 꽃머리는 커다란 비늘처럼 생긴 포엽(苞葉)으로 둘러싸여 있는데 이 부분을 한 장씩 떼어 입에 넣어 눌러서 치아로 긁어 먹는다.

❶❷ 프랑스 루앙의 잔다르크 묘지 인근 시장에서 판매 중인 아티초크

| **숙취 해소에 효과** | 두화에는 시나린(cynarin) 성분이 함유되어 있고 간 해독 효능이 있으며 엽산, 마그네슘이 풍부한 채소이다. 인도에서는 술 마신 후 숙취에 좋다고 하여 차로 많이 마신다.

| **한방 약미(藥味)와 약성(藥性)** | 맛은 달고 성질은 평(平)하다.

| **한방 효능** |
- 간기(肝氣)가 정체된 것을 고르게 하고 담의 기능을 원활하게 한다.

| **약효 해설** |
- 간염, 지방간, 황달의 치료에 활용한다.
- 이담작용, 즉 지방질 음식을 소화시키는 담즙을 잘 배출되도록 도와주는 효능이 있다.
- 간을 보호하고 지방간 치료에 효과가 있다.

| **약용법** | 꽃 6~15g을 물 800mL에 넣고 달여서, 반으로 나누어 아침저녁으로 마신다.

| **참고** | 아티초크류 2_ 카둔(176쪽)

1.49 아티초크류 2_카둔

- **영어명** : cardoon, artichoke thistle, cardone, cardoni, carduni, cardi
- **학명** : *Cynara cardunculus* L.
- **과명** : 국화과(Asteraceae, Compositae)
- **이용부위** : 잎줄기, 두화

◐ 카둔 지상부

○ 카둔 꽃대

| **재배지** | 지중해 지역이 원산지이며 이 지역에서 오랫동안 즐겨 먹고 있는 식물이다.

| **아티초크와 비슷** | 카둔의 두화(頭花, 꽃대 끝에 많은 꽃이 뭉쳐 붙어서 머리 모양을 이룬 꽃. 두상화와 같은 말)는 아티초크와 비슷하다. 과명도 아티초크와 같이 국화과이며 원산지도 아티초크처럼 지중해 지역이다.

| **요리 및 이용** | 카둔은 오늘날 프랑스, 이탈리아에서 인기 있는 식재료이다. 셀러리와 비슷한 잎자루(葉柄, 잎과 줄기를 연결하는 부위)는 익히면 아티초크와 비슷한 향이 나며 구워 먹거나 수프를 만드는 데 쓰인다. 이탈리아에서는 크리스마스에 전통적으로 카둔 수프로 점심 식사를 시작한다. 잎자루를 식용하지만 두화를 먹기도 한다.

| **참고** | 아티초크류 1_ 아티초크(172쪽)

안젤리카

- **영어명** : angelica, garden angelica, wild celery
- **기타 명칭** : 처녀바디, angélique(프랑스어), archangelica(이태리어)
- **학명** : *Angelica archangelica* L.
- **과명** : 산형과(Apiaceae, Umbelliferae)
- **이용부위** : 잎, 뿌리, 씨

○ 안젤리카 잎

○ 안젤리카 재배밭

| 재배지 | 유럽 북부지역이 원산지이며 프랑스, 독일, 미국 그리고 태국에서 재배한다.

| 요리 및 이용 | 셀러리와 비슷한 향미를 가지므로 생 줄기와 잎자루는 샐러드에 넣어 먹는다. 잎자루는 설탕에 절여 다양한 종류의 제과 제품, 푸딩, 잼, 아이스크림을 만드는 데 활용한다. 생선 요리에 사용하면 비린내 제거에도 좋다.

| 약효 해설 |
- 담즙 분비작용이 있다.
- 식욕 증진, 건위작용이 있다.
- 진경 효능이 있다.

1.51 양파

- **영어명** : onion
- **한약명** : 양총(洋蔥)
- **기타 명칭** : oignon(프랑스어), cipolla(이태리어)
- **학명** : *Allium cepa* L.(식물명: 양파)
- **과명** : 백합과(Liliaceae)
- **이용부위** : 비늘줄기

○ 양파 지상부

| **재배지** | 서남아시아가 원산지이며 세계 여러 나라에서 재배한다.

| **요리 및 이용** | 샐러드, 볶음, 장아찌, 튀김 등으로 요리해서 먹을 수 있으며 각종 요리에 다양하게 활용한다.

| **양파의 자극성분** | 양파에는 황을 함유하는 프로페닐시스테인 설폭사이드(propenylcysteine sulfoxide) 성분이 함유되어 있다. 양파를 가만히 두면 이 성분은 눈물을 흘리게 하지 않는다. 그러나 양파를 자르거나 마쇄하거나 먹을 때 효소가 작용하게 되면 이 성분은 순간적으로 분해되어 새로운 성분인 프로페닐 설페닌산(propenyl sulfenic acid)을 생성시켜 자극성분으로 바뀌게 된다. 양파를 그대로 두면 눈물이 나지 않지만 양파를 자를 때 눈물을 흘리게 되는 이유는 위와 같은 화학반응 때문이다.

| **이탈리아의 미인** | 이탈리아에는 눈이 작아 고민하는 아가씨들은 양파를 많이 썰면 눈이 커져 미인이 된다는 말이 있다고 한다. 양파를 썰면 휘발성분 때문에 눈물을 많이 흘리게 되어 눈이 커져 예뻐진다는 것인데, 양파의 성분을 설명하는 재미있는 얘기이다.

○ 수확 직전의 양파

| **한방 약미(藥味)와 약성(藥性)** | 맛은 맵고 달며 성질은 따뜻하다.

| **한방 효능** |

- 소화가 잘 되게 하고 기(氣)를 통하게 한다.
- 해독, 살충 효능이 있다.
- 고지혈증 치료에 유효하다.

| **약효 해설** |

- 항암작용이 있다.
- 혈당 강하작용이 있다.
- 혈장 콜레스테롤의 상승을 억제하는 작용이 있다.
- 동맥경화증에 효과가 있다.

| **약용법** | 양파 30~120g을 생으로 또는 익혀서 먹거나 적당량 외용한다.

○ 양파 재배밭

○ 양파 꽃

○ 껍질을 까기 전의 양파

○ 붉은 양파

○ 식용으로 손질한 양파

1.52 양하

- **영어명** : mioga
- **한약명** : 양하(蘘荷)
- **기타 명칭** : 묘우가(茗荷, 일본어)
- **학명** : *Zingiber mioga* Rosc.(식물명: 양하)
- **과명** : 생강과(Zingiberaceae)
- **이용부위** : 뿌리줄기

◉ 뿌리줄기를 향신료로 쓰는 양하

| 재배지 | 열대아시아가 원산지이며 한국, 일본에서 재배한다.

| 식품공전 | 한국 <식품공전>의 '식품에 사용할 수 있는 원료' 부분에 양하의 화서와 어린잎이 수재되어 있다.

| 요리 및 이용 | 아삭아삭하고 즙이 많으며 강한 향기를 가지고 있다. 곱게 썰어 샐러드에 넣거나 잘게 다져서 소스에 넣으며 절임으로 만들어 먹기도 한다.

○ 양하 절단면

| 동의보감 효능 | 양하(蘘荷)는 성질이 약간 따뜻하고[微溫] 맛이 매우며[辛] 독이 약간 있다. 고독과 학질을 치료한다.

○ 양하 장아찌

| 한방 약미(藥味)와 약성(藥性) | 맛은 맵고 성질은 따뜻하다.

| 한방 효능 |

- 혈액순환을 원활하게 하고 월경을 조화롭게 한다.
- 담(痰)을 제거하고 기침을 멎게 한다.
- 해독하고 상처가 부은 것을 없어지게 한다.

| 약효 해설 |

- 생리가 일정하지 않을 때 효과가 있다.
- 진해, 거담작용이 있다.

| 약용법 | 뿌리줄기 6~15g을 물 800mL에 넣고 달여서 반으로 나누어 아침저녁으로 마시거나 적당량 외용한다.

동의보감에 수록된 양하

얘로(서양톱풀)

- **영어명** : yarrow
- **한약명** : 양시초(洋蓍草)
- **기타 명칭** : millefeuille(프랑스어), achillea millefoglio(이태리어)
- **학명** : *Achillea millefolium* L.(식물명: 서양톱풀)
- **과명** : 국화과(Asteraceae, Compositae)
- **이용부위** : 지상부

○ 얘로(서양톱풀) 꽃과 잎

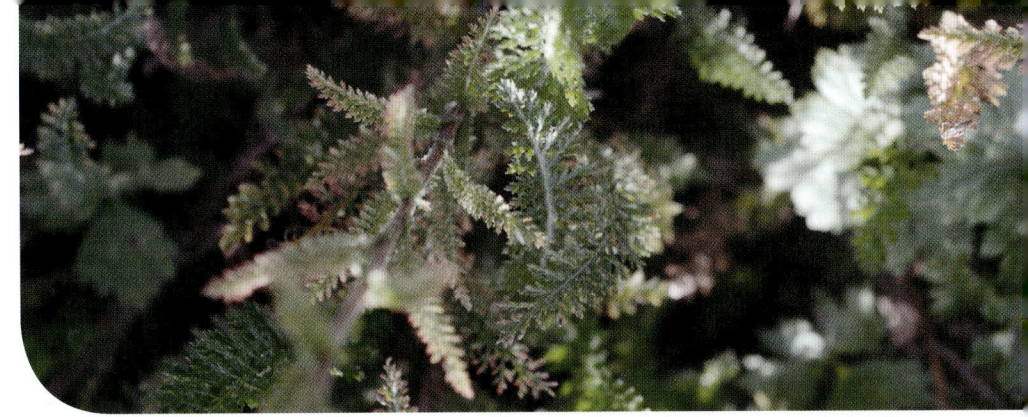

○ 야로(*Achillea millefolium* ssp. *millefolium*) 잎 생김새

| **재배지** | 유럽과 서아시아에서 자생하지만 현재 세계 여러 지역에서 재배되고 있으며 한국 전역에 자라고 있다.

| **식품공전** | 한국 <식품공전>의 '식품에 제한적으로 사용할 수 있는 원료' 부분에 야로 명칭으로 잎이 수재되어 있으므로 식용할 수 있다.

| **요리 및 이용** | 어린잎을 삶거나 기름으로 볶아서 먹지만 샐러드로 식용해도 좋다. 꽃은 요리에는 그다지 이용하지 않지만 색채가 풍부하여 드라이플라워로 적합하다.

| **한방 약미(藥味)와 약성(藥性)** | 맛은 맵고 약간 쓰며 성질은 서늘하다.

| **한방 효능** |
- 풍(風)을 제거한다.
- 혈액순환을 촉진한다.
- 통증을 없앤다.
- 해독 효능이 있다.

| **약효 해설** |
- 타박상, 월경불순을 치료한다.
- 소염, 이뇨작용이 있다.

| **약용법** | 지상부 5~10g을 물 800mL에 넣고 달여서 반으로 나누어 아침저녁으로 마시거나 적당량 외용한다.

○ 얘로(서양톱풀) 꽃

❶❷ 얘로(*Achillea millefolium* ssp. *millefolium*) 꽃

1.54 오레가노

- **영어명** : oregano
- **한약명** : 우지(牛至)
- **기타 명칭** : origan(프랑스어), origano(이태리어)
- **학명** : *Origanum vulgare* L.
- **과명** : 꿀풀과(Lamiaceae, Labiatae)
- **이용부위** : 지상부

◯ 오레가노 지상부

| **재배지** | 유럽에서 중앙아시아가 원산지이며 이탈리아, 불가리아, 북미, 멕시코, 프랑스가 주산지이다.

| **식품공전** | 한국 <식품공전>의 '식품에 사용할 수 있는 원료' 부분에 오레가노의 잎이 수재되어 있다.

| **요리 및 이용** | 잎을 샐러드와 파스타 요리에 넣어 사용한다. 강한 향을 내기 위해 바비큐 요리를 할 때 가루를 뿌려주기도 한다. 그렇지만 강한 향은 오히려 요리 맛을 없앨 수 있으므로 주의해야 한다. 이탈리아 남부에서는 오레가노가 토마토 요리와 구운 고기 요리의 기본 재료이기도 하다.

| **한방 약미(藥味)와 약성(藥性)** | 맛은 맵고 약간 쓰며 성질은 서늘하다.

| **한방 효능** |
- 풍한(風寒, 감기 또는 고뿔)을 발산시킨다.
- 기 순환을 도와주는 효능이 있다.

◯ 오레가노 잎 생김새   ◯ 건조하여 향신료로 쓰는 오레가노 잎과 줄기

○ 오레가노 지상부

- 날씨가 더워 생기는 병을 치료한다.
- 수습(水濕, 인체 진액이 병리적으로 변한 것)을 빼는 효능이 있다.

| 약효 해설 |
- 갑자기 가슴이 답답하면서 쓰러지고 정신이 흐려 사람을 알아보지 못하는 증상에 유효하다.
- 황달 치료에 효과가 있다.
- 복통으로 설사하고 토하는 증상에 유효하다.

| 약용법 | 지상부 3~9g을 물 800mL에 넣고 달여서 반으로 나누어 아침저녁으로 마시거나 적당량 외용한다.

○ 오레가노 잎

○ 오레가노 열매

1.55 올리브

- **영어명** : olive
- **한약명** : 제돈과(齊墩果) - 오일
- **기타 명칭** : olivier(프랑스어), olivo(이태리어)
- **학명** : *Olea europaea* L.(식물명: 올리브나무)
- **과명** : 물푸레나무과(Oleaceae)
- **이용부위** : 열매, 오일, 잎

◯ 올리브 열매

○ 올리브나무 잎

○ 올리브나무 꽃

○ 올리브나무의 잎과 열매

| 재배지 | 멕시코가 원산지이며 현재는 유럽, 아프리카 남부지역, 미국, 호주 등 여러 나라에서 재배한다.

| 성서의 감람과 다른 식물 | 올리브나무를 성서에서 감람(橄欖)나무로 잘못 번역하여 혼란을 주고 있다. 올리브나무의 과명은 물푸레나무과(Oleaceae)이며 감람나무의 과명은 감람과(Burseraceae)로서 전혀 다른 나무다. 중국 책에서도 올리브를 감람으로 가끔씩 잘못 소개하기도 한다.

| 식품공전 | 한국 <식품공전>의 '식품에 사용할 수 있는 원료' 부분에 올리브 잎이 수재되어 있다.

| 요리 및 이용 | 올리브 오일은 유럽 남부 요리에 전형적으로 사용되며 전 세계적으로 식용유 및 샐러드유로서 즐겨 사용한다.

| 한방 약미(藥味)와 약성(藥性) | 오일의 맛은 약간 쓰며 성질은 평(平)하다.

| 한방 효능 |

오일

- 장을 적셔주고 대변이 잘 나오게 한다.
- 해독하고 부스럼을 아물게 하고 수렴시키는 효능이 있다.

○ 스페인의 올리브 상점

○ 프랑스의 올리브 상점

| 약효 해설 |

【오일】
- 고혈압, 고지혈증, 심혈관 질환 치료에 도움이 된다.
- 항산화작용과 혈소판 응집 억제 약리작용이 있다.
- 담즙 배출을 촉진하며 변비 치료에 효과가 있다.

【잎】
- 저혈당약, 해열약, 진경약의 용도로 쓰인다.
- 올리브에 들어 있는 성분인 올레우로페인(oleuropein)은 안지오텐신 전환효소(ACE)를 억제하여 혈압을 낮춘다.
- 이뇨, 항산화, 지질 농도 저하작용이 있다.

○ 올리브나무

| 약용법 | 하루에 잎 1~2g 먹는 것을 권장하고 있으며 오일은 적당량을 피부에 바르거나 먹는다.

1.56 월계수 잎

- **영어명** : bay leaves, bay laurel, sweet bay, bay tree
- **한약명** : 월계엽(月桂葉)-잎, 월계자(月桂子)-열매
- **기타 명칭** : laurier(프랑스어), lauro(이태리어)
- **학명** : *Laurus nobilis* L.(식물명: 월계수)
- **과명** : 녹나무과(Lauraceae)
- **이용부위** : 잎, 열매

◯ 월계수 지상부

○ 월계수 잎과 가지

| 재배지 | 지중해 지역이 원산지이며 프랑스, 이탈리아, 스페인, 모로코가 주산지이다.

| 요리 및 이용 | 월계수 잎은 향기가 좋아 요리나 차, 향수의 원료로 쓰인다. 신선한 잎이나 말린 잎을 조리 시작 전에 넣어 사용한다.

| 한방 약미(藥味)와 약성(藥性) |

잎

맛은 맵고 성질은 약간 따뜻하다.

열매

맛은 맵고 성질은 따뜻하다.

| 한방 효능 |

잎

- 위를 튼튼하게 하고 기 순환을 도와준다.

❶❷ 건조시켜 향신료로 쓰는 월계수 잎과 열매

❶❷ 프랑스의 월계수 잎 제품

| 열매 |

- 뼈마디가 저리고 아픈 병을 치료한다.
- 살충, 해독 효능이 있다.

| 약효 해설 |

| 잎 |

- 타박상 치료에 도움이 된다.
- 복통 제거에 효과가 있다.

| 열매 |

- 팔다리가 저리고 아픈 증상을 없애준다.
- 습진에 치료 효과가 있다.
- 귀 뒤에 생긴 종기 치료에 효과가 있다.

| 약용법 | 잎 3~6g 또는 열매 3~9g을 각각 물 800mL에 넣고 달여서 반으로 나누어 아침 저녁으로 마신다.

1.57 웜우드(쓴쑥)

- **영어명** : worm wood
- **한약명** : 고애(苦艾)
- **기타 명칭** : 쓴쑥, herbe d'absinthe(프랑스어), assenzio(이태리어)
- **학명** : *Artemisia absinthium* L.
- **과명** : 국화과(Asteraceae, Compositae)
- **이용부위** : 잎

◯ 웜우드 지상부

| **재배지** | 유럽과 아시아가 원산지이자 이 지역들이 주산지이다.

| **식품공전** | 웜우드는 한국 <식품공전>의 '식품에 사용할 수 없는 원료' 부분에 쓴쑥이라는 명칭으로 수재되어 있으므로 우리나라에서는 식용할 수 없다.

| **요리 및 이용** | 유럽에서는 뜨거운 물에 우려내 식전에 허브 차로 마신다. 프랑스에서는 알코올 음료의 향미 재료로도 사용되었다. 오랫동안 먹으면 중추신경계 장애로 이어질 수 있다.

○ 웜우드 잎과 줄기

○ 웜우드 재배밭

| **한방 약미(藥味)와 약성(藥性)** | 맛은 쓰고 성질은 차다.

| **한방 효능** |

- 열을 내리고 습진 것을 말린다.
- 위를 튼튼하게 하여 소화를 돕는다.

| **약효 해설** |

- 식욕부진에 사용한다.
- 회충 구제에 효과가 있다.
- 강장, 해열작용이 있다.

| **약용법** | 잎 3~6g을 물 800mL에 넣고 달여서 반으로 나누어 아침저녁으로 마시거나 적당량 외용한다.

○ 웜우드 잎

○ 웜우드 열매

1.58 유자

- **한약명** : 등자(橙子)
- **기타 명칭** : 유자(柚子), 유즈(柚子, 일본어)
- **학명** : *Citrus junos* Siebold ex Tanaka (식물명: 유자나무)
- **과명** : 운향과(Rutaceae)
- **이용부위** : 열매

◉ 유자 열매와 잎

| **재배지** | 중국이 원산지이며 한국, 일본에서 재배한다.

| **요리 및 이용** | 열매의 과즙이나 과피의 방향을 즐기는 목적으로 이용한다. 설탕이나 꿀에 재워서 유자청을 만들어 유자차로 활용하거나 떡, 정과에 넣어 향신료로 사용한다.

| **한방 약미(藥味)와 약성(藥性)** | 맛은 시고 성질은 서늘하다.

| **한방 효능** |
- 기가 치솟은 것을 내려 위기(胃氣)를 조화롭게 한다.
- 기를 다스려 가슴을 편안하게 한다.

| **약효 해설** |
- 술을 깨게 하는 효능이 있다.
- 음주 후 입 냄새를 제거한다.
- 소화에 좋다.
- 오심구토에 유효하다.

| **약용법** | 열매 적당량을 내복한다.

○ 유자 꽃

○ 덜 익은 유자 열매

○ 유자 열매

1.59 자소엽(시소)

- **영어명** : perilla
- **한약명** : 자소엽(紫蘇葉) – 잎, 자소자(紫蘇子) – 열매
- **기타 명칭** : 자소(紫蘇), pérille verte cultivée(프랑스어), 시소(紫蘇, 일본어)
- **학명** : *Perilla frutescens* (L.) Britton var. *acuta* (Thunb.) Kudo(식물명: 차즈기)
  Perilla frutescens (L.) Britton var. *crispa* (Thunb.) H.Deane(식물명: 주름소엽)
- **과명** : 꿀풀과(Lamiaceae, Labiatae)
- **이용부위** : 잎, 열매

○ 일본에서 '시소'라 부르는 자소엽

| **재배지** | 히말라야 산맥에서 동아시아에 걸친 지역이 원산지이며 한국, 중국, 일본에 분포한다.

| **자소엽, 자소자의 기원** | 한방에서 식물인 차즈기 또는 주름소엽의 잎을 한약명으로 자소엽(紫蘇葉)이라 하며 이들의 열매는 한약명으로 자소자(紫蘇子)라 부른다.

| **식품공전** | 한국 <식품공전>의 '식품에 사용할수 있는 원료' 부분에 소엽의 명칭으로 잎과 끝가지(자소엽), 씨(자소자)가 수재되어 있다.

| **방약합편** | 자소엽과 자소자의 이름으로 우리나라 한방서인 <방약합편>의 향기 나는 한약(방초, 芳草) 편에 수재되어 있다.

| **요리 및 이용** | 원산지는 중국이지만 오래전에 일본으로 전해져 현재는 일본을 대표하는 허브계 향신료가 되었다. 자소엽은 일본에서 도시락과 여러 음식에 많이 들어가며 특히 강한 항균작용이 있어 식중독 예방에도 도움이 되는 향신료이다.

| **동의보감 효능** | 자소(紫蘇, 시소)는 성질이 따뜻하고 맛이 매우며 독이 없다. 명치 밑이 불러 오르고 그득한 것과 곽란, 각기 등을 치료하는데 대소변이 잘 나오게 한다. 일체 냉기를 없애고 풍한 때 표사(表邪)를 헤친다. 또한 가슴에 있는 담과 기운을 내려가게 한다. 자소자(紫蘇子, 시소 열매)는 기운이 치밀어 오르며 딸꾹질이 나는 것을 치료하는데 중초를 고르게 하고 오장을 보하며 기운을 내린다. 곽란, 반위를 멎게 하고 대소변을 잘 나가게 하며 기침을 멎게 한다. 심과 폐를 눅여주고 [潤] 담을 삭힌다. 또한 폐기로 숨이 찬 데도 쓴다. 귤 껍질의 약효도 잘 도와준다. 약간 닦아서 써야 한다.

동의보감에 수록된 자소(시소)와 자소자

| **한방 약미(藥味)와 약성(藥性)** |

잎

맛은 맵고 성질은 따뜻하다.

○ 일본에서 판매 중인 자소엽

○ 자소엽(시소)

열매

맛은 맵고 성질은 따뜻하다.

| 한방 효능 |

잎

- 풍한(風寒)을 발산하고 차가운 기운을 없애주는 효능이 있다.
- 기(氣)를 소통시켜 위 주위를 조화롭게 하는 효능이 있다.
- 임산부와 태아를 안정시키는 효능이 있다.

열매

- 기를 내리는 효능이 있다.
- 천식을 멈추는 효능이 있다.
- 장(腸)을 윤택하게 하여 부드럽게 하고 대변(大便)이 잘 나오게 한다.

| 약효 해설 |

잎

- 오한, 열, 기침에 유효하다.
- 가래가 많은 기침을 없애준다.
- 오심구토를 제거하고 구취 방지 효과가 있다.
- 식욕 증진작용이 있다.
- 항균작용이 있다.

열매

- 기침할 때 숨은 가쁘나 가래 끓는 소리가 없는 증상에 유효하다.
- 변비에 효과가 있다.

| 약용법 | 잎은 5~10g, 열매는 3~10g을 물 800mL에 넣고 달여서 반으로 나누어 아침저녁으로 마신다.

1.60 재스민

- ❖ **영어명** : jasmine
- ❖ **한약명** : 말리화(茉莉花)
- ❖ **기타 외국어 명칭** : 백말리(白末利), 소남강(小南强)
- ❖ **학명** : *Jasminum sambac* (L.) Ait.
  Jasminum officinlae L.
  Jasminum grandiflorum L.
- ❖ **과명** : 물푸레나무과(Oleaceae)
- ❖ **이용부위** : 꽃

◐ 재스민(*Jasminum sambac*) 지상부

○ 재스민(*Jasminum sambac*) 꽃봉오리

○ 재스민(*Jasminum sambac*) 꽃봉오리와 꽃

○ 재스민(*Jasminum sambac*) 꽃과 잎

| **재배지** | 종류에 따라 다르지만 주로 인도가 원산지이며 프랑스, 이탈리아, 인도, 중국이 주산지이다.

| **식품공전** | 한국 <식품공전>의 '식품에 사용할 수 있는 원료' 부분에 아라비안 재스민 (*Jasminum sambac, Jasminum auriculatum*) 이름으로 꽃이 수재되어 있다.

❶❷ 건조시켜 향신료로 쓰는 재스민 꽃

| **요리 및 이용** | 꽃은 강한 방향을 가져 향수 등의 향료로 사용되었다. 꽃을 차나 요리에도 이용하며 입욕제로도 활용한다.

| **한방 약미(藥味)와 약성(藥性)** | 맛은 맵고 약간 달며 성질은 따뜻하다.

| **한방 효능** |
- 기를 다스려 통증을 멎게 한다.
- 더러운 것을 허물고 막힌 것을 열어낸다.

| **약효 해설** |
- 눈이 충혈되는 것을 낫게 한다.
- 현기증이 나고 머리가 어지러운 증상을 낫게 한다.
- 설사가 나고 배가 아픈 증상을 낫게 한다.

| **약용법** | 꽃 3~10g을 물 800mL에 넣고 달여서 반으로 나누어 아침저녁으로 마신다.

1.61 주니퍼(노간주나무)

- **영어명** : juniper, juniper berry
- **기타 명칭** : geniévrier(프랑스어), ginepro(이태리어)
- **학명** : *Juniperus communis* L.(식물명: 노간주나무)
- **과명** : 측백나무과(Cupressaceae)
- **이용부위** : 잎, 열매

● 주니퍼(노간주나무) 지상부

○ 주니퍼(노간주나무) 잎   ○ 주니퍼(노간주나무) 열매와 줄기

| 재배지 | 그리스가 원산지이며 유럽, 북미, 호주에 분포한다.

| 식품공전 | 한국 <식품공전>의 '식품에 제한적으로 사용할 수 있는 원료' 부분에 노간주나무(*Juniperus communis, Juniperus rigida*) 열매가 수재되어 있으므로 식용할 수 있다.

| 요리 및 이용 | 열매에는 강한 향미가 있다. 열매, 잎을 그릴 생선 요리에 곁들이기도 하고 바비큐 요리에 사용하여 고기에 향을 돋우는 데 사용하며 허브 차로 이용하기도 한다.

| 약효 해설 |
- 당뇨병 치료에 도움이 된다.
- 아메리카 원주민들은 피임제로 사용했다.
- 류머티즘 관절염 치료에 유효하다.
- 이뇨작용이 있다.

1.62 진피

- **영어명** : citrus unshiu peel
- **한약명** : 진피(陳皮) - 열매껍질, 귤핵(橘核) - 씨
- **기타 명칭** : 귤인(橘仁), mandarine(프랑스어), mandarino(이태리어)
- **학명** : *Citrus unshiu* Markovich(식물명: 귤나무)
  Citrus reticulata Blanco
- **과명** : 운향과(Rutaceae)
- **이용부위** : 열매 껍질

◉ 귤의 열매 껍질을 '진피'라고 한다.

| 재배지 | 한국, 중국, 일본에서 재배한다.

| 6진양약 | <동의보감> 탕액편에는 '6진양약(六陳良藥)'의 한약을 수록해두고 있다. 이 약들은 진피를 비롯하여 낭독, 지실, 반하, 마황, 오수유로서 모두 오래 보관해뒀던 것을 쓰는 것이 좋다고 설명하고 있다.

○ 제주도의 귤 농장

| 식품공전 | 한국 <식품공전>의 '식품에 사용할 수 있는 원료' 부분에 진피 이름으로 껍질이 수재되어 있다.

| 요리 및 이용 | 진피는 귤껍질을 건조한 것으로서 차로 활용한다.

| 한방 약미(藥味)와 약성(藥性) | 맛은 맵고 쓰며 성질은 따뜻하다.

○ 수확한 귤

| 한방 효능 |
- 기(氣)를 통하게 하고 기가 치솟은 것을 내리는 효능이 있다. 또한 중초(中焦)를 조화롭게 하고 위의 활동을 도와 식욕을 돋우어준다.
- 습사를 없애고 담(痰)을 삭인다.

| 약효 해설 |
- 식욕부진에 유효하다.
- 기침이 나고 가래가 나는 증상을 치료한다.
- 딸꾹질을 멈추게 한다.

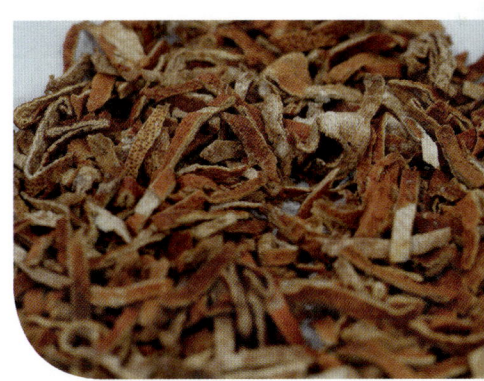
○ 건조시켜 '진피'라는 약재로 쓰는 귤껍질

| 약용법 | 열매껍질 3~10g을 물 800mL에 넣고 달여서, 반으로 나누어 아침저녁으로 마신다.

1.63 차이브

- **영어명** : chives
- **기타 명칭** : ciboulette, civette(프랑스어), cipoletta(이태리어)
- **학명** : *Allium schoenoprasum* L.
- **과명** : 백합과(Liliaceae)
- **이용부위** : 잎

○ 건조시켜 향신료로 사용하는 차이브 잎

○ 차이브 꽃

○ 영국의 차이브 향신료 제품

○ 차이브 꽃과 줄기

| **재배지** | 유럽, 북아시아가 원산지이며 프랑스, 이탈리아, 미국에 분포한다.

| **요리 및 이용** | 잎과 비늘줄기에 양파, 파 등과 비슷한 향미가 있으며, 이용방법도 이들과 유사하다. 주로 잎을 사용하며 샐러드, 소스, 치즈의 향미 재료로 활용한다.

| **약효 해설** |
- 이뇨작용이 있다.
- 방부 효능이 있다.

1.64 참깨

- ❖ **영어명** : sesame
- ❖ **한약명** : 흑지마(黑芝麻)
- ❖ **기타 명칭** : 호마(胡麻), 흑호마(黑胡麻), sésame(프랑스어), sesamo(이태리어), 고마(胡麻, 일본어)
- ❖ **학명** : *Sesamum indicum* L.(식물명: 참깨)
- ❖ **과명** : 참깨과(Pedalidaceae)
- ❖ **이용부위** : 씨

◯ 참깨 재배밭

○ 참깨 지상부

| **재배지** | 인도 동부 및 이집트가 원산지이며 아시아, 북미, 남미에서 재배한다.

| **요리 및 이용** | 식물성 지방산을 많이 함유하고 있어 고혈압 예방 등에 효과가 있다. 씨에는 휘발성 정유 성분이 거의 함유되어 있지 않지만 가열하면 향이 생긴다. 깨죽과 참기름 등으로 활용하며 볶은 씨를 갈아서 소금을 알맞게 섞어 깨소금으로도 사용한다. 음식에 씹히는 느낌을 주고 미관을 좋게 하기 위해 수프, 샐러드, 각종 음식 위에 뿌리기도 한다.

| **동의보감 효능** | 호마(胡麻, 참깨)는 성질이 평(平)하고 맛이 달며(甘) 독이 없다. 기운을 돕고 살찌게 하며 골수와 뇌수를 충실하게 하고 힘줄과 뼈를 튼튼하게 하며 오장을 눅여준다. 골수를 보하고 정(精)을 보충해주며 오래 살게 하고 얼굴빛이 젊어지게 한다. 환자가 허해져 말할 기운조차 없어 할 때에는 검정참깨(胡麻)를 쓴다.

동의보감에 수록된
참깨(호마)

천연 향신료_참깨

○ 참깨 씨

○ 검은 참깨 씨

| **한방 약미(藥味)와 약성(藥性)** | 맛은 달고 성질은 평(平)하다.

| **한방 효능** |

- 간과 신을 보익하는 효능이 있다.
- 혈을 자양하고 정기(精氣)를 보익하는 효능이 있다.
- 장(腸)을 윤택하게 하여 부드럽게 하고 대변이 잘 나오게 한다.

| **약효 해설** |

- 간신이 허약하여 머리털이 일찍 희어지고 어지러운 증상에 유효하다.
- 질병 치료 후의 허약증상 회복에 좋다.
- 강장, 해독작용이 있다.
- 고혈압, 동맥경화의 예방에 효과가 있다.

| **약용법** | 씨 9~15g을 물 800mL에 넣고 달여서 반으로 나누어 아침저녁으로 마시거나 적당량 외용한다.

1.65 처빌

- **영어명** : chervil, garden chervil
- **기타 명칭** : cerfeuil(프랑스어)
- **학명** : *Anthriscus cerefolium* L. Hoffm.
- **과명** : 산형과(Apiaceae, Umbelliferae)
- **이용부위** : 잎

○ 처빌 잎과 줄기

○ 처빌 잎 생김새

| **재배지** | 이란에서 러시아 남부에 이르는 중앙아시아가 원산지이며 프랑스, 아메리카, 브라질에서 많이 재배한다.

| **식품공전** | 한국 <식품공전>의 '식품에 사용할 수 없는 원료' 부분에 챠빌 명칭으로 뿌리가 수재되어 있으므로 우리나라에서는 뿌리를 식용할 수 없다.

| **요리 및 이용** | 조리하지 않고 직접 먹었을 때 파슬리보다 더 온화한 향과 맛이 난다. 유럽과 일본에서는 생선 요리, 야채 요리, 샐러드, 수프, 소스에 자주 이용하는 향신료이다. 차에 넣어 마시면 소화를 촉진시키는 효과가 있다.

| **약효 해설** |
- 식욕 증진작용이 있다.
- 혈압 강하작용이 있다.
- 이뇨, 거담 효능이 있다.
- 딸꾹질에 유효하다.

○ 처빌 지상부

○ 처빌 잎과 줄기

천연 향신료_처빌

1.66 치자

- **영어명** : gardenia, cape jasmine, cape jessamine
- **한약명** : 치자(梔子)
- **기타 명칭** : 쿠치나시(巵子, 일본어)
- **학명** : *Gardenia jasminoides* Ellis (식물명: 치자나무)
- **과명** : 꼭두서니과(Rubiaceae)
- **이용부위** : 열매

◯ 치자나무 지상부

| **재배지** | 중국, 일본이 원산지이며 한국, 중국, 일본에서 재배한다.

| **식품공전** | 한국 <식품공전>의 '식품에 사용할 수 있는 원료' 부분에 치자 열매가 수재되어 있다.

| **요리 및 이용** | 음식이나 옷을 황색으로 착색할 목적으로 한국이나 중국, 일본 등에서 예전부터 사용되어오고 있다. 꽃에는 재스민과 비슷한 방향이 있다.

| **동의보감 효능** | 치자(梔子)는 성질은 차며 맛이 쓰고 독이 없다. 가슴과 대소장에 있는 심한 열과 위 안에 있는 열[胃中熱氣], 그리고 속이 답답한 것[煩悶]을 낫게 한다. 열독을 없애고 오림[五淋, 기림(氣淋), 노림(勞淋), 고림(膏淋), 석림(石淋), 혈림(血淋) 등 다섯 가지 종류의 임질]을 낫게 하며 오줌을 잘 나가게 하고 다섯 가지 황달을 낫게 하며 소갈을 멎게 한다. 입안

동의보감에 수록된 치자

○ 치자 꽃봉오리

○ 치자 꽃

천연 향신료_치자

○ 치자 잎

이 마르고 눈이 충혈되며 붓고 아픈 것, 얼굴까지 벌개지는 주사비, 문둥병, 창양(瘡瘍)을 낫게 하고 지충의 독을 없앤다.

| 한방 약미(藥味)와 약성(藥性) | 맛은 쓰고 성질은 차다.

| 한방 효능 |

- 열을 내리고 수습(水濕, 인체 진액이 병리적으로 변한 것)을 뺀다.
- 열로 인해서 생긴 혈열을 식히고 해독하는 효능이 있다.
- 허열을 내리고 답답하고 손발을 버둥거리는 증상을 치료한다.

| 약효 해설 |

- 두통에 효과가 있다.
- 눈 충혈 제거에 효과가 있다.
- 열병으로 인해 가슴 속이 답답하고 편안하지 못한 증상에 유효하다.
- 습열이 원인이 되어 일어나는 황달 증상에 사용한다.
- 이담작용이 있다.
- 진정작용이 있다.

| 약용법 | 열매 6~10g을 물 800mL에 넣고 달여서 반으로 나누어 아침저녁으로 마시거나 적당량 외용한다.

○ 치자 꽃

○ 덜 익은 치자 열매

❶❷ 황적색으로 익어가는 치자 열매

○ 건조시켜 약재로 쓰는 치자 열매

1.67 치커리

- **영어명** : chicory
- **한약명** : 국거(菊苣) - 지상부, 국거근(菊苣根) - 뿌리
- **기타 명칭** : chicorée à café(프랑스어), cicoria(이태리어)
- **학명** : *Cichorium intybus* L.
- **과명** : 국화과(Asteraceae, Compositae)
- **이용부위** : 지상부, 뿌리

◯ 치커리 재배밭

○ 치커리 지상부

○ 치커리 잎 생김새

| 재배지 | 유럽이 원산지이며 프랑스에서 대량 재배한다.

| 요리 및 이용 | 잎을 샐러드로 식용하며 뿌리는 차로 제조하여 이용한다. 뿌리에는 카페인이 함유되어 있지 않지만 커피 대용품으로서 사용되고 있다.

| 건강기능식품의 기능성 |

- 치커리는 우리나라 <건강기능식품>에 수재되어 있다.
- 기능성은 혈중 콜레스테롤 개선, 식후 혈당 상승 억제, 배변활동 원활에 도움을 줄 수 있는 것이다.
- 치커리 추출물 식이섬유의 일일섭취량은 혈중 콜레스테롤 개선과 식후 혈당 상승 억제에 도움을 줄 수 있는 것은 7.2~20g이며, 배변활동을 원활하게 하는 데 도움을 줄 수 있는 것은 6.4~20g이다.

| 한방 약미(藥味)와 약성(藥性) |

지상부

맛은 쓰고 성질은 차다.

○ 치커리 꽃과 줄기

○ 치커리 꽃 생김새

뿌리

맛은 쓰고 떫으며 성질은 서늘하다.

| 한방 효능 |

지상부

- 열사를 제거하고 열독을 풀어준다.
- 이뇨시켜 부종을 가라앉히는 효능이 있다.

뿌리

- 열을 내리는 효능이 있다.
- 건위 효능이 있다.

| 약효 해설 |

지상부

- 식욕부진에 좋다.
- 황달형 간염, 신장염에 유효하다.

뿌리

- 소화불량에 좋다.
- 배가 몹시 부르며 속이 답답한 병증을 치료한다.

| 약용법 | 지상부는 3~9g, 뿌리는 3~6g을 각각 물 800mL에 넣고 달여서 반으로 나누어 아침저녁으로 마신다.

카더몬(소두구)

- **영어명** : cardamon, cardamom
- **한약명** : 소두구(小荳蔲)
- **기타 명칭** : cardamomier(프랑스어), cardamomo(이태리어)
- **학명** : *Elettaria cardamomum* Maton (식물명: 소두구)
- **과명** : 생강과(Zingiberaceae)
- **이용부위** : 열매

◉ 카더몬 열매

| 재배지 | 인도 남부지역이 원산지이며 스리랑카, 탄자니아가 주산지이다.

| 생강과 식물의 향신료 | 향이 나는 식물에는 생강과(科) 식물이 많이 포함되어 있다. 카더몬인 소두구를 비롯하여 고량강, 대고량강(갈랑갈), 백두구, 익지, 초두구, 초과 그리고 강황, 아출, 울금 등이 있다.

| 요리 및 이용 | 카더몬은 사프란 다음으로 고가의 향신료로서 강한 매운맛이 있다. 북유럽에서는 빵, 페이스트리, 케이크의 풍미를 더하는 용도로 사용하고 피클용 향신료로도 활용한다.

| 한방 효능 | 위(脾)를 튼튼하게 하고 인체 내에 침입한 풍사(風邪, 질병을 일으키는 원인이 되는 바람)를 제거한다.

| 약효 해설 |
- 강장작용이 있다.
- 최음작용이 있다.
- 구강 청량작용이 있다.
- 담즙 분비 촉진작용이 있다.
- 식욕 증진작용이 있다.

○ 프랑스의 카더몬 제품

○ 인도의 흑(黑) 카더몬

1.69 캐러웨이

- **영어명** : caraway
- **한약명** : 장회향(藏茴香)
- **기타 명칭** : 갈루자(葛縷子), carvi(프랑스어), carvi(이태리어), 히메우이쿄우(姬茴香, 일본어)
- **학명** : *Carum carvi* L.
- **과명** : 산형과(Apiaceae, Umbelliferae)
- **이용부위** : 열매

◯ 캐러웨이 지상부

○ 캐러웨이 잎

○ 캐러웨이 열매

| 재배지 | 유럽 중부, 지중해 지역, 서아시아와 중앙아시아가 원산지이며 프랑스, 이탈리아, 아프리카에서 재배한다.

| 식품공전 | 한국 <식품공전>의 '식품에 사용할 수 있는 원료' 부분에 캐러웨이 이름으로 씨가 수재되어 있다.

| 요리 및 이용 | 후추 맛이 나는 향신료로서 씨 가루는 커리 파우더를 만드는 데 이용하고 케이크, 빵, 쿠키에도 사용한다.

| 한방 약미(藥味)와 약성(藥性) | 맛은 맵고 달며 성질은 따뜻하다.

| 한방 효능 |
- 기(氣)를 통하게 하고 위 활동을 도와 식욕을 돋우게 한다.
- 한사(寒邪)를 없애고 통증을 멈추는 효능이 있다.

| 약효 해설 |
- 복부가 차고 아픈 증상을 낫게 한다.
- 소화불량에 유효하다.

| 약용법 | 열매 3~6g을 물 800mL에 넣고 달여서 반으로 나누어 아침저녁으로 마신다.

1.70 캐모마일

- **영어명** : chamomile, camomile
- **기타 명칭** : camomille romaine(프랑스어), camomilla romana(이태리어)
- **학명** : *Matricaria chamomilla* L.(식물명: 독일캐모마일, 헝가리캐모마일)
  Chamaemelum nobile L.(식물명: 로마캐모마일, 영국캐모마일)
- **과명** : 국화과(Asteraceae, Compositae)
- **이용부위** : 꽃, 잎

○ 캐모마일(*Matricaria chamomilla*) 지상부

❶❷ 프랑스의 캐모마일 제품

| 재배지 | 지중해 지역과 유럽 서남부가 원산지이며 프랑스, 헝가리 등 유럽 각지에서 재배한다.

| 캐모마일의 종류 | *Matricaria chamomilla* 종은 독일 캐모마일(German chamomile), 헝가리 캐모마일(Hungarian chamomile)로 불리는 일반적인 캐모마일이다. *Chamaemelum nobile* 종은 로마 캐모마일(Roman chamomile), 영국 캐모마일(English chamomile)로 불리는 캐모마일이다.

| 식품공전 | 한국 <식품공전>의 '식품에 사용할 수 있는 원료' 부분에 캐모마일 이름으로 꽃, 잎이 수재되어 있다.

| 요리 및 이용 | 유럽에서 허브 차라고 하면 캐모마일을 가리킬 정도로 요리보다 허브 차로서 광범위하게 이용하고 있다. 말린 꽃을 차로 만들어 향기를 즐기며 차로 마신다.

| 약효 해설 |
- 항염증, 방부작용이 있다.
- 진경, 구풍 효과가 있다.
- 방향성 고미건위약으로 쓰인다.

❶❷❸ 캐모마일(*Matricaria chamomilla*) 꽃

1.71 캐트닙(개박하)

- **영어명** : catnip, catnep, catswort, catmint
- **한약명** : 심엽형개(心葉荊芥)
- **기타 명칭** : 개박하, herbe aux chats(프랑스어), cataire(이태리어), 이누학카(犬薄荷, 일본어)
- **학명** : *Nepeta cataria* L.
- **과명** : 꿀풀과(Lamiaceae, Labiatae)
- **이용부위** : 지상부

◯ 캐트닙 잎

○ 캐트닙 지상부

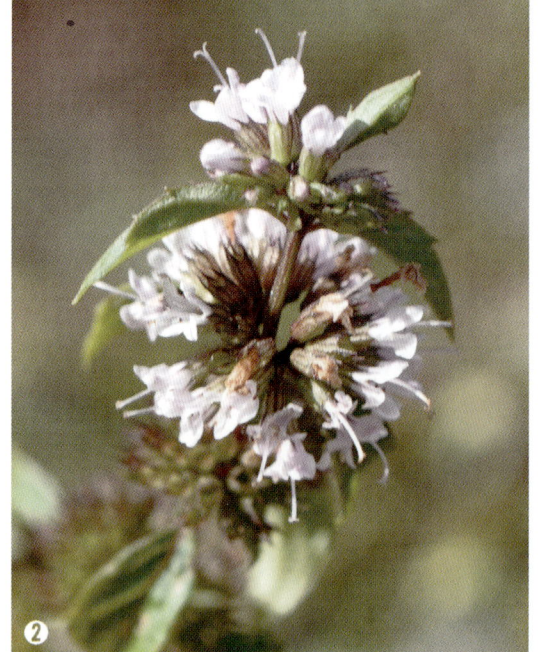
❶❷ 캐트닙 꽃

| **재배지** | 유럽과 중앙아시아, 서남아시아가 원산지이며 프랑스, 미국을 비롯하여 전 세계에서 재배한다.

| **요리 및 이용** | 잎을 조미료나 약용으로 사용한다. 잎은 수프, 소스의 향을 내는 데 사용하며 샐러드에 넣기도 한다. 잎을 건조하여 허브 차로 마시면 잠을 유도하는 진정작용과 해열 효과가 나타난다. 캐트닙(catnip)은 고양이가 이 식물을 좋아한다고 해서 붙여진 영어 이름이다.

| **한방 약미(藥味)와 약성(藥性)** | 맛은 맵고 성질은 서늘하다.

| **한방 효능** |
- 풍사(風邪)를 흩어지게 하고 열기를 식힌다.
- 혈액순환을 원활하게 하고 지혈한다.

| **약효 해설** |
- 허브 차는 진정, 해열 효과가 있다.
- 두통, 발열을 치료한다.
- 결막염에 효과가 있다.
- 관절염, 치통에 유효하다.

| **약용법** | 9~15g을 물 800mL에 넣고 달여서 반으로 나누어 아침저녁으로 마신다.

1.72 커리플랜트

- **영어명** : curry plant
- **학명** : *Helichrysum italicum* (Roth) G. Don fil.
  [=*Helichrysum angustifolium* (Lam.) DC]
- **과명** : 국화과(Asteraceae, Compositae)
- **이용부위** : 잎

◯ 커리플랜트 지상부

○ 커리플랜트 꽃봉오리

| 재배지 | 지중해 인근에서 자란다.

| 요리 및 이용 | 잎에서 커리 가루와 비슷한 향이 나며 잎을 요리에 넣어 향신료로 활용한다.

| 약효 해설 |

- 소염작용이 있다.
- 항진균작용이 있다.
- 화상 치료에 효과가 있다.
- 항알러지 효능이 있다.

❶❷ 커리플랜트 잎

1.73 커민

- **영어명**: cumin
- **한약명**: 자연(孜然)
- **기타 명칭**: 안식회향(安息茴香), 쯔란(孜然, 중국어), yi-ra(타이어), 바킨(馬芹, 일본어)
- **학명**: *Cuminum cyminum* L.
- **과명**: 산형과(Apiaceae, Umbelliferae)
- **이용부위**: 열매

◉ 커민 열매

○ 수확하여 그릇에 담은 커민 열매

○ 중국의 커민 제품

| **재배지** | 지중해 지역과 아시아 서부가 원산지로 추정되며 인도, 중국, 멕시코가 주산지이다.

| **커민과 소회향** | 커민과 소회향(딜의 열매)의 열매 형태는 비슷하다. 필자는 중국에서 사진을 찍을 때마다 이 열매들을 혼동하여 매번 상점 주인에게 이름을 물어보고 나서야 촬영했다.

| **요리 및 이용** | 열매는 독특하고 강한 향, 그리고 약한 매운맛과 쓴맛을 가지고 있다. 동유럽 요리에서는 이 향신료를 수프, 소스, 생선 요리, 육류 요리에 첨가한다. 인도 카레에는 커민을 반드시 배합하며 멕시코 요리에도 잘 쓰인다.

| **한방 약미(藥味)와 약성(藥性)** | 맛은 맵고 성질은 따뜻하다.

| **한방 효능** |
- 한사(寒邪)를 없애고 통증을 멈추는 효능이 있다.

○ 파키스탄의 커민 제품

- 기 순환을 도와주고 위 부근을 조화롭게 해주는 효능이 있다.

| 약효 해설 |

- 소화불량에 효과가 있다.
- 월경불순에 도움이 된다.
- 복부가 차고 아픈 증상을 치료한다.
- 강장, 최음작용이 있다.

| 약용법 | 열매 3~9g을 물 800mL에 넣고 달여서 반으로 나누어 아침저녁으로 마시거나 적당량 외용한다.

○ 중앙아시아 키르기스스탄의 커민 제품

1.74 케이퍼

- **영어명** : caper, caper bush
- **한약명** : 노서과(老鼠瓜) - 뿌리껍질, 잎, 열매
- **기타 명칭** : câpres(프랑스어), cappero(이태리어)
- **학명** : *Capparis spinosa* L.
- **과명** : 풍접초과(Capparidaceae)
- **이용부위** : 꽃봉오리, 뿌리껍질, 잎, 열매

○ 건위, 진통에 효능이 있는 케이퍼 열매

○ 케이퍼 열매

| **재배지** | 지중해 지역이 원산지이며 프랑스, 이탈리아, 스페인이 주산지이다.

| **식품공전** | 한국 <식품공전>의 '식품에 사용할 수 있는 원료' 부분에 케이퍼 이름으로 순(筍)이 수재되어 있다.

| **요리 및 이용** | 향신료로 이용하는 부위는 꽃봉오리다. 이 꽃봉오리는 생선 요리와 육류 요리 등에 강한 짠맛과 신맛을 내는 데에 널리 사용한다. 특히 케이퍼 피클은 연어 요리에 빠지지 않고 함께 나온다. 토마토 피자의 토핑에 활용하면 좋고 샐러드, 파스타 소스에 첨가하기도 한다.

| **한방 약미(藥味)와 약성(藥性)** | 뿌리껍질, 잎, 열매의 맛은 쓰고 매우며 성질은 따뜻하다.

| **한방 효능** |

뿌리껍질, 잎, 열매

- 풍(風)을 제거하고 통증을 멈추는 효능이 있다.
- 습사(濕邪)와 한사(寒邪)를 제거하는 효능이 있다.

| **약효 해설** |

꽃봉오리

- 건위, 진통작용이 있다.
- 항류머티즘 효능이 있다.

| **약용법** | 뿌리껍질, 잎, 열매 적당량을 외용하거나 뿌리껍질 3~6g을 물 800mL에 넣고 달여서 반으로 나누어 아침저녁으로 마신다.

1.75 코리앤더 (고수)

- **영어명** : coriander - 열매
- **한약명** : 호유(胡荽, 고수) - 지상부, 호유자(胡荽子) - 열매
- **기타 명칭** : 향채(香菜), coriandre(프랑스어), coriandro(이태리어), phak chee(타이어)
- **학명** : *Coriandrum sativum* L.(식물명: 고수)
- **과명** : 산형과(Apiaceae, Umbelliferae)
- **이용부위** : 지상부, 열매

🟢 타이완식물원에서 재배 중인 고수, 열매를 '코리앤더'라 부른다.

| **재배지** | 지중해 동부지역과 아시아 서부에서 유래되었으며 전 세계적으로 널리 재배되고 있다.

| **코리앤더와 고수** | 한방에서 식물인 고수의 지상부와 열매를 한약명으로 각각 호유(胡荽), 호유자(胡荽子)라고 하며, 이 호유자를 코리앤더라고도 부른다.

| **식품공전** | 한국 <식품공전>의 '식품에 사용할 수 있는 원료' 부분에 고수 이름으로 열매와 잎이 수재되어 있다.

| **요리 및 이용** | 코리앤더의 특이한 향미는 아시아, 중동, 멕시코 요리에서 빠질 수 없는 재료이다. 특유한 '빈대' 냄새가 나는데 어떤 사람들은 좋아하고 어떤 사람들은 싫어한다. 중국이나 태국에서는 잎(고수)을 향미채소로 사용하지만 유럽에서는 주로 열매(코리앤더)를 향신료로 사용한다. 열매는 곱게 갈아 소시지나 고기를 굽기 전에 발라 향을 가미한다.

○ 고수 잎 생김새

| **동의보감 효능** | 호유(胡荽, 고수)는 성질이 따뜻하고[溫] 평(平)하다고도 한다. 맛이 매우며[辛] 독이 약간 있다. 음식이 소화되게 하고 소장기(小腸氣)와 심규(心竅)를 통하게 하며 홍역 때 꽃과 마마 때 구슬이 잘 돋지 않는 것을 치료한다. 오랫동안 먹으면 정신이 나빠지고 잊어버리기를 잘한다. 그리고 겨드랑이에서 냄새가 나게 된다. 호유자(胡荽子, 고수 열매, 코리앤더)는 어린이가 머리가 헐어서 머리털이 빠지는 것, 다섯 가지 치질과 고기를 먹고 중독된 것, 하혈하는 것을 치료한다.

| **한방 약미(藥味)와 약성(藥性)** |

지상부

맛은 맵고 성질은 따뜻하다.

동의보감에 수록된
고수(호유)와 코리앤더(호유자)

| 열매 |

맛은 맵고 시며 성질은 평(平)하다.

| 한방 효능 |

| 지상부 |

- 음식을 잘 소화시키고 식욕을 돋우어주는 효능이 있다.
- 통증을 멎게 하고 해독하는 효능이 있다.

○ 열매를 코리앤더로 부르는 고수의 꽃

○ 향신료로 사용하는 고수의 열매(코리앤더)

○ 중국 산둥성 웨이하이 시장에서 판매 중인 고수 잎과 줄기

○ 방글라데시의 코리앤더 제품

열매
- 위를 튼튼하게 하고 배가 더부룩하거나 아픈 병증을 제거하는 효능이 있다.
- 기를 통하게 하고 통증을 멈추는 효능이 있다.

| 약효 해설 |

지상부
- 배가 더부룩하거나 아픈 병증에 유효하다.
- 두통, 치통에 지통 효과가 있다.

열매
- 식욕부진에 유효하다.
- 복부가 부르고 통증이 있는 증상에 유효하다.
- 두통, 치통에 좋다.

| 약용법 | 건조한 지상부 9~15g 또는 신선한 지상부 15~30g, 열매 6~12g을 각각 물 800mL에 넣고 달여서 반으로 나누어 아침저녁으로 마시거나 적당량 외용한다.

○ 중국 랴오닝성 선양(瀋陽)시의 한 식당에서 나온 고수가 들어간 우육면(牛肉麵)

○ 중국 닝샤회족자치구 룽더(隆德)현의 한 식당에서 나온 생선 요리에 고수가 들어가 있다.

○ 건조한 고수의 열매(코리앤더)

○ 중국 네이멍구자치구 츠펑(赤峰)시의 한 식당에 손님들이 고수를 자유롭게 가져갈 수 있도록 진열해두었다.

1.76 코카

- **영어명** : coca
- **한약명** : 고가(古柯)
- **기타 명칭** : cocalier(프랑스어), coca(이태리어)
- **학명** : *Erythroxylon coca Lamarck*(식물명: 코카)
- **과명** : 코카과(Erythroxylaceae)
- **이용부위** : 잎

◐ 코카나무 잎과 줄기

| **재배지** | 페루, 볼리비아가 원산지이며 남미지역이 주산지이다.

| **남미에서는 식용** | 남미 안데스 지역의 주민들은 코카 잎을 종교의식에 사용하거나 차, 술, 식용 분말 등의 원료로 쓴다. 볼리비아는 최근 코카 잎 재배의 양성화 정책을 도입하여 코카 잎으로 만든 사탕, 빵, 껌, 에너지 음료 등 다양한 제품을 개발했다.

| **식품공전** | 한국 <식품공전>의 '식품에 사용할 수 없는 원료' 부분에 코카 잎이 수재되어 있으므로 우리나라에서는 식용할 수 없다.

| **요리 및 이용** | 잎에 약한 방향이 있다. 미국 FDA에서는 코카인(cocaine) 성분을 제거한 것만 식품으로 사용을 허가하고 있다.

| **코카 성분** | 코카 잎의 성분인 코카인은 국소마취작용 및 표면마취작용이 강하며 의존성이 있다. 즉 정신적 의존성이 강하고 환각, 망상상태 등의 정신병이 나타난다. 극약, 마약으로 취급하고 있다.

| **한방 약미(藥味)와 약성(藥性)** | 맛은 쓰고 성질은 따뜻하다.

| **약효 해설** |
- 국소마취작용이 있다.
- 진통, 동공 확대 목적으로 사용한다.

○ 코카나무 잎 생김새

○ 코카나무 잎

○ 코카나무 지상부

1.77 콜라너트

- **영어명** : cola nut
- **기타 명칭** : colatier(프랑스어), cola(이태리어)
- **학명** : *Cola acuminata* Schott et Endlicher
- **과명** : 벽오동과(Sterculiaceae)
- **이용부위** : 씨

○ 콜라너트 잎

❶❷ 콜라너트 꽃

| 재배지 | 서아프리카가 원산지이며 남미, 중미, 인도네시아가 주산지이다.

| 요리 및 이용 | 콜라 음료의 제조에 필수적인 향신료이지만 현재는 합성제품으로 대체되어 사용한다. 코카는 잎을 사용하지만 콜라너트는 씨를 이용한다.

| 약효 해설 |
- 위액 분비 촉진작용이 있어 소화를 돕는다.
- 이뇨, 지사작용이 있다.
- 상처 부위의 염증을 치료한다.
- 주성분은 카페인이며 적은 양의 테오브로민(theobromine) 성분도 함유한다.
- 고혈압, 심장질환, 궤양이 있는 사람은 콜라를 제한해야 한다.

1.78 클로브(정향)

- **영어명** : cloves
- **한약명** : 정향(丁香)
- **기타 명칭** : 정자(丁子), 백리향(百里香), giroflier(프랑스어), chiodi di garofano(이태리어)
- **학명** : *Syzygium aromaticum* Merrill et Perry(식물명: 정향나무)
- **과명** : 정향나무과(Myrtaceae)
- **이용부위** : 꽃봉오리

○ 정향나무. 말린 꽃봉오리를 '클로브(정향)'라 부른다.

○ 클로브 잎 생김새

○ 클로브(건조한 정향나무 꽃봉오리)

| **재배지** | 인도네시아의 몰루카(Molucca) 군도가 원산지이며 인도네시아, 말레이시아, 베트남, 인도, 스리랑카가 주산지이다.

| **식품공전** | 한국 <식품공전>의 '식품에 사용할 수 있는 원료' 부분에 정향나무 이름으로 잎과 꽃봉오리가 수재되어 있다.

| **요리 및 이용** | 향이 강하므로 아주 적은 양을 사용해야 한다. 전통적으로 클로버를 오렌지에 찔러 넣어 방에 매달아 벌레를 쫓는 방역용으로 이용한다. 커리, 소스, 케이크, 빵, 다진 고기, 과일 디저트에 향을 내는 데 활용한다.

| **클로버(정향) 정유성분의 효능** | 정유 성분 중 주성분은 유게놀(eugenol)이다. 이 성분은 살균, 방부작용과 소염, 이담작용이 있다.

| **한방 약미(藥味)와 약성(藥性)** | 맛은 맵고 성질은 따뜻하다.

| **동의보감 효능** | 비위를 따뜻하게 하고 곽란, 신기(腎氣), 분돈기(奔豚氣)와 냉기(冷氣)로 배가 아프고 음낭이 아픈 것을 낫게 한다. 또한 성기능을 높이고 허리와 무릎을 덥게 하며 반위증(反胃, 음식물이 들어가면 토하는 병증)을 낫게 하고 술독과 풍독을 없애며 여러 가지 종기를 낫게 한다. 치감(齒疳, 잇몸이 곪기어 썩는 병)을 낫게 하며 여러 가지 향기를 낸다.

| **한방 효능** |

- 위 주위를 따뜻하게 하여 오심, 구토를 가라앉히는 효능이 있다.
- 신(腎)을 보하고 양기(陽氣)를 보한다.

| **약효 해설** |

- 소화불량, 급만성 위장염에 사용한다.
- 치과에서 국소마취, 진통의 목적으로 사용한다.
- 치통 완화작용, 구취 방지작용이 있다.
- 구강청정제로 쓰인다.
- 구토, 설사, 이질을 치료한다.

동의보감에 수록된 클로브(정향)

| **약용법** | 꽃봉오리 1~3g을 물 800mL에 넣고 달여서 반으로 나누어 아침저녁으로 마시거나 또는 환제나 산제로 만들어 복용한다. 가루로 만들어 피부에 바를 수 있다.

○ 클로브(정향나무 꽃봉오리)

1.79 타임

- **영어명** : thyme
- **한약명** : 지초(地椒)
- **기타명칭** : 사향초(麝香草), 백리향(百里香), thym(프랑스어)
- **학명** : *Thymus vulgaris* L.(식물명: 타임)
  Thymus quinquecostatus Celakovski(식물명: 백리향)
- **과명** : 꿀풀과(Lamiaceae, Labiatae)
- **이용부위** : 지상부

◯ 타임(*Thymus vulgaris*)의 지상부

| **재배지** | 유럽 남부, 지중해 지역이 원산지이며 프랑스, 스페인, 그리스, 이탈리아가 주산지이다.

| **타임의 기원** | 식물인 타임 또는 백리향의 지상부를 생약명으로 타임이라 부른다.

| **식품공전** | 한국 <식품공전>의 '식품에 사용할 수 있는 원료' 부분에 타임 이름으로 잎이 수재되어 있다.

| **요리 및 이용** | 요리에 사용되는 기본 허브 중 하나로서 소량 사용한다. 강한 방향이 있으며 향이 백 리까지 간다고 하여 백리향으로도 불린다. 생선 및 고기 요리의 필수 재료이며 샐러드, 수프에 넣어 먹는다.

○ 타임 씨

○ 타임의 생잎과 채취한 줄기

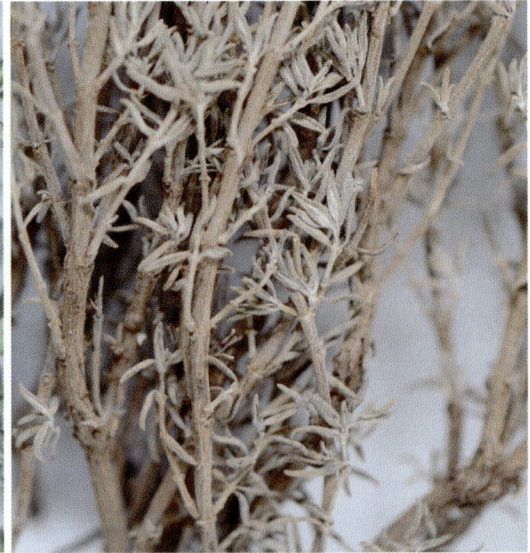

○ 타임의 건조 줄기

| **한방 약미(藥味)와 약성(藥性)** | 맛은 맵고 성질은 평(平)하다.

| **한방 효능** |

- 풍(風)을 제거하고 기침을 없애준다.
- 비(脾)를 튼튼하게 하고 기를 잘 돌게 한다.
- 소변 볼 때 아프거나 시원하게 나가지 않는 증상을 치료한다.

| **약효 해설** |

- 소화불량에 유효하다.
- 기침, 가래 제거에 좋다.
- 치통에 유효하다.

| **약용법** | 지상부 9~12g을 물 800mL에 넣고 달여서 반으로 나누어 아침저녁으로 마시거나 적당량 외용한다.

○ 타임(*Thymus vulgaris*) 꽃

○ 타임(*Thymus vulgaris*) 잎

○ 백리향(*Thymus quinquecostatus*) 꽃과 잎　　○ 백리향(*Thymus quinquecostatus*) 잎

○ 백리향(*Thymus quinquecostatus*) 지상부

1.80 탠지(쓴국화)

- **영어명** : tansy
- **기타 명칭** : tanaisie(프랑스어), tanaceto(이태리어)
- **학명** : *Tanacetum vulgare* L.(식물명: 쓴국화)
- **과명** : 국화과(Asteraceae, Compositae)
- **이용부위** : 두상화(頭狀花, 꽃대 끝에 많은 꽃이 붙어 머리 모양을 이룬 꽃), 잎

○ 탠지 잎

○ 탠지 두상화

○ 탠지 두상화와 잎

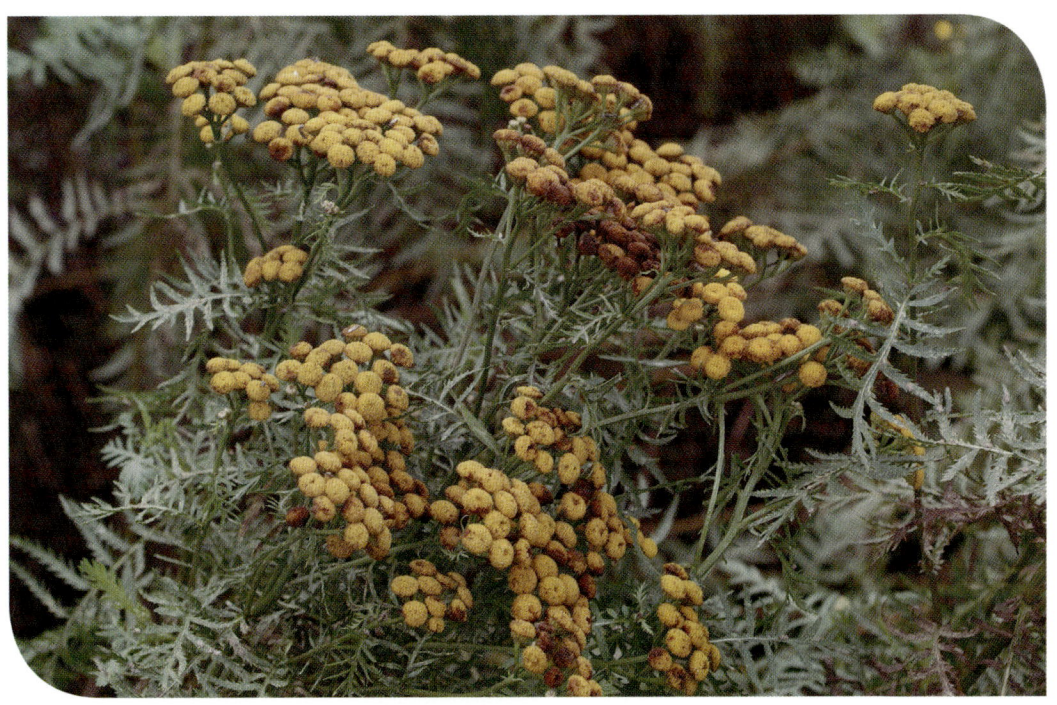

○ 탠지 지상부

| 재배지 | 유럽이 원산지이며 한국, 일본, 중국 동북지방, 몽골, 중앙아시아, 캐나다에 분포한다.

| 요리 및 이용 | 잎에는 장뇌(樟腦, 천연빙편이라고도 하며 독특한 방향이 있음)와 비슷한 향이 난다. 다량으로 먹으면 인체에 유해하므로 요리에 사용할 때는 소량 쓰는 것이 좋다.

| 약효 해설 |
- 소화작용이 있다.
- 간 장애 치료에 쓰인다.
- 조충 구제약으로 사용된다.
- 류머티즘 치료에 쓰인다.

1.81 터머릭류 1_강황

- **영어명** : tumeric, curcuma longa rhizome
- **한약명** : 강황(薑黃)
- **기타 명칭** : curcuma(프랑스어), curcuma(이태리어), 우콘(鬱金, 일본어)
- **학명** : *Curcuma longa* Linné(식물명: 강황)
- **과명** : 생강과(Zingiberaceae)
- **이용부위** : 뿌리줄기

◯ 강황 뿌리줄기

○ 인도의 강황 가루

| **재배지** | 인도가 원산지이며 동남아에서 많이 재배하고 있다.

| **강황과 울금** | 일본에서는 *Curcuma longa*의 뿌리줄기를 울금, *Curcuma aromatica*의 뿌리줄기를 강황으로 부른다. *Curcuma longa*의 뿌리줄기를 한국에서는 강황, 그리고 일본에서는 울금으로 부르고 있어 혼동을 일으키기도 한다.

| **식품공전** | 한국 <식품공전>의 '식품에 사용할 수 있는 원료' 부분에 뿌리줄기가 수재되어 있다.

| **방약합편** | 강황이라는 이름으로 우리나라 한방서인 <방약합편>의 향기 나는 한약(방초, 芳草) 편에 수재되어 있다.

| **요리 및 이용** | 카레 요리에 빠지지 않는 향신료로서 분말로 사용한다. 향신료뿐 아니라 마가린, 버터, 치즈 등에 착색할 목적으로 황색 착색료로도 활용한다.

| **동의보감 효능** | 강황(薑黃)의 성질은 열(熱)하며 맛은 맵고 쓰며[辛苦] 독이 없다. 징가(癥瘕)와 혈괴(血塊), 옹종(癰腫)을 낫게 하며 월경을 잘 하

동의보감에 수록된 강황

○ 강황

○ 식물 '강황'의 꽃

○ 강황이 들어간 일본의 카레우동

○ 일본의 강황 차 제품

○ 인도네시아의 강황 차 제품

게 한다. 다쳐서 어혈이 진 것을 삭게 한다. 냉기를 헤치고 풍을 없애며 기창(氣脹)을 삭아지 게 한다. 효과가 울금(鬱金)보다 센데, 썰어서 식초에 축여 볶아 쓴다.

| 한방 약미(藥味)와 약성(藥性) | 맛은 맵고 쓰며 성질은 따뜻하다.

| 한방 효능 |

- 어혈(瘀血)을 깨뜨려 기가 정체된 것을 풀어서 순행시켜주는 효능이 있다.
- 경맥의 흐름을 원활하게 하여 통증을 멎게 하는 효능이 있다.

| 약효 해설 |

- 이담, 혈압강하, 항균의 약리작용이 있다.
- 간 기능장애로 옆구리가 아픈 것을 제거한다.
- 건위, 식욕 증진작용이 있다.

| 약용법 | 뿌리줄기 3~10g을 물 800mL에 넣고 달여서 반으로 나누어 아침저녁으로 마신다.

| 참고 | 터머릭류 2_ 아출(272쪽), 터머릭류 3_ 울금(274쪽)

1.82 터머릭류 2_아출

- **영어명** : zedoary
- **한약명** : 아출(莪朮)
- **학명** : *Curcuma wenyujin* Y. H. Chen et C. Ling.(식물명: 온울금, 溫鬱金)
  Curcuma kwangsiensis S. G. Lee et C. F. Liang(식물명: 광서아출, 廣西莪朮)
  Curcuma phaeocaulis Val.(식물명: 봉아출, 蓬莪朮)
- **과명** : 생강과(Zingiberaceae)
- **이용부위** : 뿌리줄기

○ 중국에서 재배 중인 광서아출. 이 식물의 뿌리줄기를 아출이라 한다.

| **재배지** | 식물 온울금은 중국 저장(浙江)성, 광서아출은 중국 광시(廣西)좡족자치구, 봉아출은 중국 광둥(廣東)성, 푸젠(福建)성에서 대량 재배한다.

| **아출이란?** | 아출(莪朮)은 봉아출(蓬莪朮), 광서아출(廣西莪朮) 또는 온울금(溫鬱金)의 뿌리줄기를 그대로 또는 수증기로 쪄서 말린 것이다.

| **방약합편** | 아출이라는 이름으로 우리나라 한방서인 <방약합편>의 향기 나는 한약(방초, 芳草) 편에 수재되어 있다.

○ 중국에서 재배 중인 온울금. 이 식물의 뿌리줄기를 아출이라 한다.

| **동의보감 효능** | 봉아출(蓬莪茂, 아출)의 성질은 따뜻하고[溫] 맛은 쓰며 맵고[苦辛] 독이 없다. 모든 기를 잘 돌게 하고 월경을 잘 하게 하며 어혈을 풀리게 하고 명치 아래와 배가 아픈 것을 멎게 한다. 현벽(痃癖)을 삭이고 분돈(奔豚)을 낫게 한다.

○아출

| **한방 약미(藥味)와 약성(藥性)** | 맛은 맵고 쓰며 성질은 따뜻하다.

| **한방 효능** |
- 기를 잘 돌게 하고 어혈을 없앤다.
- 배가 더부룩하거나 아픈 병증을 제거하고 통증을 없애는 효능이 있다.

| **약효 해설** |
- 소화기능 감퇴로 음식의 소화가 잘 안 되고 헛배가 부르면서 아픈 증상을 해소시킨다.
- 체한 음식을 제거하고 통증을 완화시킨다.
- 건위, 항종양의 약리작용이 있다.

| **약용법** | 뿌리줄기 6~9g을 800mL에 넣고 달여서 반으로 나누어 아침저녁으로 마신다.

| **참고** | 터머릭류 1_ 강황(268쪽), 터머릭류 3_ 울금(274쪽)

동의보감에 수록된 아출(봉아출)

1.83 터머릭류 3_울금

- **영어명** : curcuma root
- **한약명** : 울금(鬱金)
- **학명** : *Curcuma wenyujin* Y. H. Chen et C. Ling.(식물명: 온울금, 溫鬱金)
  Curcuma longa Linné(식물명: 강황, 薑黃)
  Curcuma kwangsiensis S. G. Lee et C. F. Liang(식물명: 광서아출, 廣西莪朮)
  Curcuma phaeocaulis Val.(식물명: 봉아출, 蓬莪朮)
- **과명** : 생강과(Zingiberaceae)
- **이용부위** : 덩이뿌리

◐ 중국의 온울금 재배지. 이 식물의 덩이뿌리를 울금이라 부른다.

○ 울금 덩이뿌리

| **재배지** | 식물 온울금은 중국 저장(浙江)성, 광서아출은 중국 광시(廣西)쫭족자치구, 봉아출은 중국 광둥(廣東)성, 푸젠(福建)성에서 대량 재배한다.

| **울금이란?** | 울금(鬱金)은 온울금(溫鬱金), 강황, 광서아출(廣西莪朮) 또는 봉아출(蓬莪朮)의 덩이뿌리로서 그대로 또는 주피를 제거하고 쪄서 말린 것이다.

| **방약합편** | 울금의 이름으로 우리나라 한방서인 <방약합편>의 향기 나는 한약(방초, 芳草) 편에 수재되어 있다.

| **동의보감 효능** | 울금(鬱金)의 성질은 차며[寒] 맛은 맵고 쓰며[辛苦] 독이 없다. 혈적(血積)을 낮게 하며 기를 내리고 혈림과 피오줌을 낮게 하며 쇠붙이에 다친 것과 혈기로 가슴이 아픈 것[心痛]을 낮게 한다[본초]. 울금은 몹시 향기롭지 않으나 그 기운이 가볍고 날쌔어[揚] 술기운을 높은 데로 올라가게 하고 신(神)을 내려오게 한다. 옛사람들은 몰리고 막혀서 잘 헤쳐지지 않는 데 울금을 썼다'고 기재되어 있다.

동의보감에 수록된 울금

○ 울금

○ 중국의 광서아출. 이 식물의 덩이뿌리를 울금이라 한다.

| 한방 약미(藥味)와 약성(藥性) | 맛은 맵고 쓰며 성질은 차다.

| 한방 효능 |

- 혈(血)의 운행을 활발히 하여 통증을 없앤다.
- 기를 잘 돌게 하고 울체(鬱滯)된 것을 풀어준다.
- 담(膽)의 기능을 원활하게 하여 황달을 없애는 효능이 있다.

| 약효 해설 |

- 간기능장애로 인한 생리통, 생리불순과 옆구리가 아픈 것을 치료한다.
- 토혈, 코피, 소변 출혈 등에 양혈지혈의 효능을 나타낸다.
- 담즙분비 촉진, 건위, 항암의 약리작용이 있다.

| 약용법 | 덩이뿌리 3~10g을 800mL에 넣고 달여서 반으로 나누어 아침저녁으로 마신다.

| 참고 | 터머릭류 1_ 강황(268쪽) , 터머릭류 2_ 아출(272쪽)

1.84 파

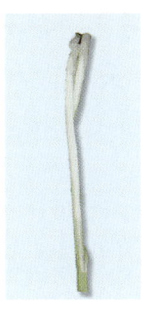

- **영어명** : welsh onion, spring onion
- **한약명** : 총엽(葱葉, 파)-잎, 총백(葱白)-비늘줄기
- **기타 명칭** : 총(葱), ciboule(프랑스어), 네기(葱, 일본어)
- **학명** : *Allium fistulosum* L.(식물명: 파)
- **과명** : 백합과(Liliaceae)
- **이용부위** : 잎, 비늘줄기

◌ 파의 꽃

○ 파 지상부

동의보감에 수록된
파 밑동(총백)과 파 잎(총엽)

| 재배지 | 시베리아의 알타이 지역이 원산지로 알려져 있으며 아시아 각지에서 재배한다.

| 요리 및 이용 | 그대로는 향이 없지만 자르거나 조직을 파괴하면 효소가 작용하여 매운 성분을 함유한 방향을 낸다. 이 매운 성분은 유화아릴 성분으로서 열에 약하다. 나물, 전, 김치로 만들어 먹으며 각종 요리에 활용한다.

| 동의보감 효능 | 총엽(蔥葉, 파 잎)은 여러 가지 헌데에 풍사가 침범했거나 물이 들어가서 붓고 아프면서 파상풍이 된 것을 치료한다. 총백(蔥白, 파의 밑동)은 성질이 서늘하고(평하다고도 한다) 맛이 매우며 독이 없다. 상한으로 추웠다 열이 나는 것, 중풍, 얼굴과 눈이 붓는 것, 후비(喉痺)를 치료하고 태아를 편안하게 하며 눈을 밝게 하고 간에 있는 사기를 없애고 오장을 고르게 한다. 여러 가지 약독(藥毒)을 없애고 대소변을 잘 나가게 하는데 분돈과 각기 등을 치료한다. 파는 대체로 발산시키는 효과가 있기 때문에 많이 먹으면 정신이 흐려진다.

| 한방 약미(藥味)와 약성(藥性) |

잎

맛은 맵고 성질은 따뜻하다.

비늘줄기

맛은 맵고 성질은 따뜻하다.

| 한방 효능 |

잎

• 땀을 내게 한다.

○ 파 꽃 생김새

- 해독하고 부종을 없애는 효능이 있다.

비늘줄기

- 땀을 내게 하는 작용이 있다.
- 해독 효능이 있다.

| 약효 해설 |

잎

- 코 막히고 열 나는 증상을 낫게 한다.
- 땀을 나게 한다.

비늘줄기

- 열이 나고 추운 증상을 치료한다.
- 소화불량, 사지냉증에 효과가 있다.

| **약용법** | 잎 또는 비늘줄기 각각 9~15g을 물 800mL에 넣고 달여서 반으로 나누어 아침 저녁으로 마신다.

○ 식재료로 다듬은 파

1.85 파라크레스

- **영어명** : paracress, spilanthes, toothache plant
- **한약명** : 천문초(天文草)
- **기타 명칭** : cresson de Para(프랑스어), spilante(이태리어)
- **학명** : *Spilanthes acmella* L. var. oleracea Clark
  (= *Acmella oleracea* R.K.Jansen)
- **과명** : 국화과(Asteraceae, Compositae)
- **이용부위** : 지상부

◉ 파라크레스 지상부

| **재배지** | 남미가 원산이며 열대의 대부분 지역에 분포한다.

| **요리 및 이용** | 동남아시아와 중국에서는 식용식물로 잘 알려져 있으며 유럽에서는 식욕증진제로 사용한다. 잎에는 산초 같은 독특한 풍미가 있어 향신료로 이용한다. 특히 어린잎은 샐러드, 수프, 스튜에 넣어 먹을 수 있다.

○ 파라크레스 꽃과 잎·줄기

| **한방 약미(藥味)와 약성(藥性)** | 맛은 맵고 쓰며 성질은 약간 따뜻하다.

| **한방 효능** |
- 기침과 천식을 멎게 한다.
- 해독하여 수습(水濕, 인체 진액이 병리적으로 변한 것)을 빼는 효능이 있다.
- 옹저(癰疽)나 상처가 부은 것을 없애고 통증을 없애는 효능이 있다.

| **약효 해설** |
- 치통 완화에 효과가 있다.
- 폐결핵, 장염 치료에 도움이 된다.

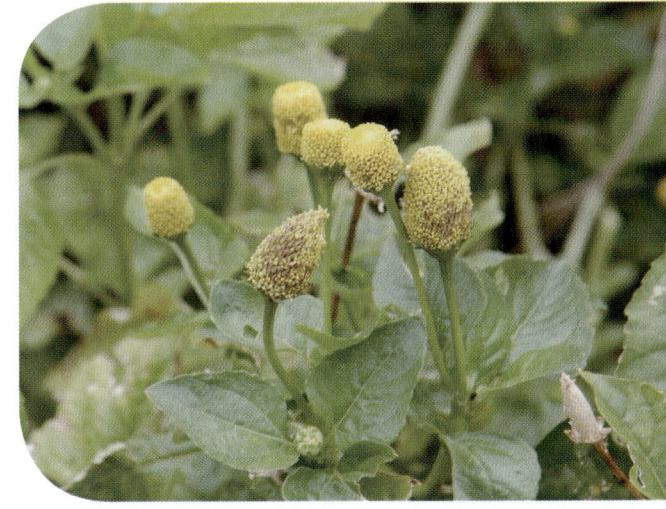
○ 파라크레스 두상화

| **약용법** | 지상부 6~15g을 물 800mL에 넣고 달여서 반으로 나누어 아침저녁으로 마시거나 적당량 외용한다.

1.86 파슬리

- **영어명** : parsley, garden parsley
- **기타 명칭** : 한근채(旱芹菜), persil(프랑스어), prezzemolo(이태리어)
- **학명** : *Petroselinum crispum* (Mill.) Nyman.
- **과명** : 산형과(Apiaceae, Umbelliferae)
- **이용부위** : 잎, 뿌리

◉ 파슬리 어린잎

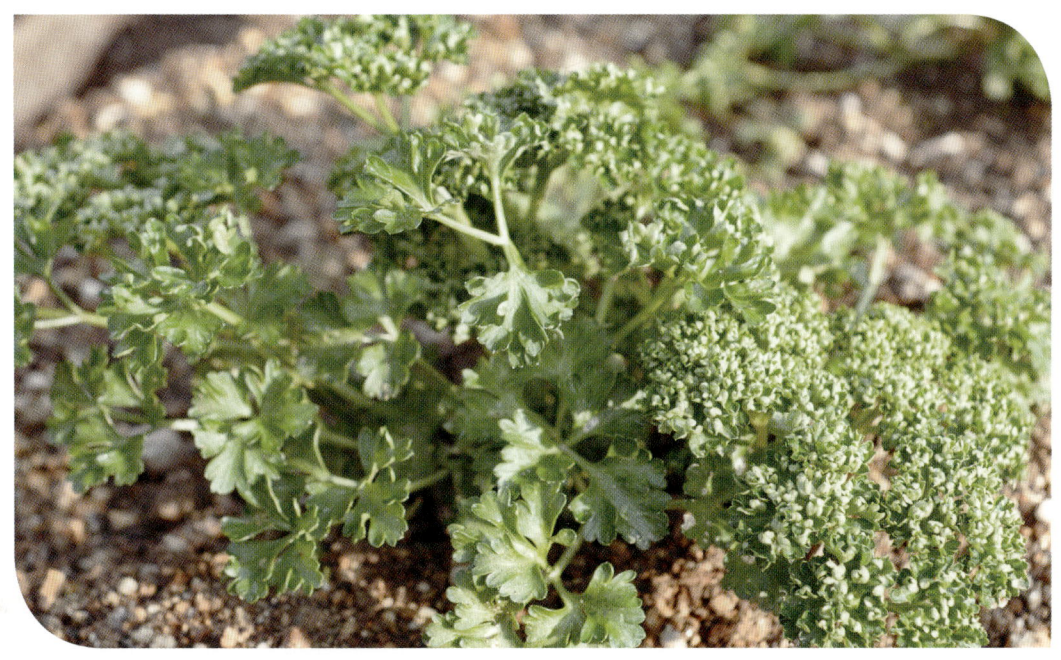

◯ 구불구불한 파슬리 어린잎이 자라면서 펴지는 모습

| **재배지** | 지중해 지역, 서아시아가 원산지이며 프랑스, 독일, 스페인, 캐나다가 주산지이다.

| **요리 및 이용** | 파슬리는 장식용으로 요리에 올리기도 하지만 잎을 깨끗이 씻어 말린 후 가루로 만들어 샐러드 소스나 각종 요리에 뿌려 먹으며, 생잎은 고명과 수프, 샐러드, 생선 및 육류 요리의 풍미를 증진시키는 재료로 즐겨 사용한다. 잎보다 줄기가 강한 향을 내며 찜 요리, 육수 등에 사용하면 좋은 맛과 향을 낼 수 있다.

| **약효 해설** |
- 구취 방지 효과가 있다.
- 소화 촉진작용이 있다.
- 항류머티즘과 요로결석 치료 효능이 있다.
- 이뇨작용이 있다.

❶❷ 활짝 핀 파슬리 잎

○ 파슬리를 향신료로 사용한 버섯 요리

팔랑개비국화

- **영어명** : cornflower, bachelor's button
- **기타 명칭** : 수레국화, bleuet(프랑스어), fioraliso(이태리어)
- **학명** : *Centaurea cyanus* L.
- **과명** : 국화과(Asteraceae, Compositae)
- **이용부위** : 꽃

◉ 팔랑개비국화 잎과 줄기

| **재배지** | 지중해 연안, 서아시아 지역이 원산지이며 지중해 연안, 유럽, 북미에서 재배한다.

| **식품공전** | 한국 <식품공전>의 '식품에 사용할 수 있는 원료' 부분에 팔랑개비국화 명칭으로 꽃잎이 수재되어 있으므로 식용이 가능하다.

| **요리 및 이용** | 지상부와 꽃에 쓴맛이 있지만 말리면 쓴맛과 방향이 약해진다. 꽃잎만 따서 샐러드에 넣어 먹을 수 있으며 말린 꽃은 허브 차로도 활용한다.

| **약효 해설** |
- 강장작용이 있다.
- 이뇨 효능이 있다.

○ 팔랑개비국화 꽃(위에서 본 모습)

○ 팔랑개비국화 지상부

○ 팔랑개비국화 꽃

1.88 페널(회향)

- **영어명** : fennel
- **한약명** : 회향(茴香) - 열매
- **기타 명칭** : fenouil(프랑스어), finocchio(이태리어)
- **학명** : *Foeniculum vulgare* Miller(식물명: 회향)
- **과명** : 산형과(Apiaceae, Umbelliferae)
- **이용부위** : 열매, 잎

○ 페널(회향) 잎

| **재배지** | 지중해 지역이 원산지이며 프랑스, 이집트, 인도, 중국, 북미가 주산지이다.

| **식품공전** | 한국 <식품공전>의 '식품에 사용할 수 있는 원료' 부분에 회향의 명칭으로 잎, 줄기, 열매, 씨가 수재되어 있다.

| **방약합편** | 대회향의 이름으로 우리나라 한방서인 <방약합편>의 향기 나는 한약(방초, 芳草) 편에 수재되어 있다.

○ 페널(회향) 꽃

| **요리 및 이용** | 오랫동안 페널은 생선 요리의 맛을 더하기 위한 중요한 허브로 사용되었다. 생선 요리, 닭고기 요리에 이용하며 빵과 케이크를 만들 때 반죽 위에 뿌리거나 과일 샐러드에 사용하기도 한다. 향신료로서 일반적으로 씨를 사용하지만 잎, 줄기, 뿌리도 이용 가능하다. 잎을 잘게 다져 신선한 야채 요리에 넣으면 상쾌하고 약간 자극적인 맛을 낸다. 생선 비린내를 없애는 데도 유용하다.

○ 페널(회향) 열매

| 동의보감 효능 | 회향(茴香, 페널)의 성질은 평(平)하고 맛은 매우며 독이 없다. 음식을 잘 먹게 하며 소화를 잘 시키고 곽란과 메스껍고 뱃속이 편안치 못한 것을 낫게 한다. 신로(腎勞)와 퇴산(㿗疝), 방광이 아픈 것, 음부가 아픈 것을 낫게 한다. 또 중초(中焦)를 고르게 하고 위(胃)를 덥게 한다. 또 한 가지 종류는 팔각회향(八角茴香)인데 성질과 맛이 조열(燥熱)하며 주로 요통에 쓴다.

| 한방 약미(藥味)와 약성(藥性) | 열매의 맛은 맵고 성질은 따뜻하다.

| 한방 효능 |

열매

- 간신(肝腎)의 냉증을 제거하여 아랫배가 아픈 증상을 치료한다.
- 기(氣)를 소통시켜 통증을 멎게 한다.
- 위기(胃氣)를 조화롭게 한다.

| 약효 해설 |

열매

- 신장의 기능이 허약해져서 나타나는 요통을 치료한다.
- 소화를 도와준다.
- 복부 냉증, 구토 증상에 유효하다.
- 구취 방지 효능이 있다.
- 강장작용이 있다.

| 약용법 | 열매 3~6g을 물 800mL에 넣고 달여서 반으로 나누어 아침저녁으로 마신다.

동의보감에 수록된 페널(회향)

○ 회향(페널)나무의 줄기. 줄기도 향신료로 사용한다.

○ 페널(회향) 지상부

○ 페널(회향) 꽃

○ 회향의 열매인 페널

○ 프랑스의 페널(회향) 제품

1.89 페니로열

- **영어명** : pennyroyal, quaw mint, mosquito plant
- **기타 명칭** : menthe douce(프랑스어), menta ricciuta(이태리어)
- **학명** : *Mentha pulegium* L.
- **과명** : 꿀풀과(Lamiaceae, Labiatae)
- **이용부위** : 지상부, 잎

◉ 페니로열 지상부

○ 무리를 지어 핀 페니로열 꽃

| 재배지 | 유럽, 북미, 서아시아가 원산지이며 스페인, 북미가 주산지이다.

| 요리 및 이용 | 말린 잎을 차로 마신다.

| 약효 해설 |

- 소화를 돕는다.
- 구풍작용, 즉 소화관에 가스가 차서 불쾌한 팽만감이 있을 때 장관(腸管)운동을 항진시켜서 가스를 제거한다.

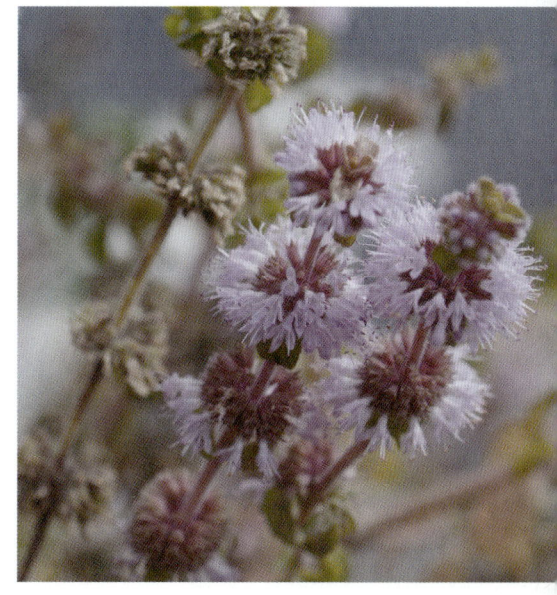

○ 페니로열 꽃 생김새

1.90 필발(인도긴후추)

- **영어명** : Indian long pepper
- **한약명** : 필발(蓽撥)
- **기타 명칭** : 인도 긴후추, 필발(畢撥)
- **학명** : *Piper longum* Linné(식물명: 필발)
- **과명** : 후추과(Piperaceae)
- **이용부위** : 열매

◉ 필발 잎과 줄기

○ 필발(인도긴후추) 잎 생김새

○ 필발(인도긴후추) 열매

| **재배지** | 베트남, 인도네시아, 필리핀, 인도, 네팔, 스리랑카, 말레이시아 및 중국 남부지방에서 생산한다.

| **식품공전** | 한국 <식품공전>의 '식품에 제한적으로 사용할 수 있는 원료' 부분에 필발이라는 명칭으로 열매가 수재되어 있어 식용 가능하다.

| **방약합편** | 필발의 이름으로 우리나라 한방서인 <방약합편>의 향기 나는 한약(방초, 芳草) 편에 수재되어 있다.

| **요리 및 이용** | 열매는 특유한 방향이 있고 매운맛이 나므로 건조시켜 향신료나 조미료로 사용한다. 인도, 인도네시아, 말레이시아의 요리와 북미의 혼합 향신료로 활용되고 있다.

| **동의보감 효능** | 필발은 위(胃)가 찬 것을 없애고 음산(陰疝, 생식기와 고환이 붓고 아픈 병증)과 현벽(痃癖)을 낫게 한다. 곽란(霍亂), 냉기(冷氣)와 혈기(血氣)로 가슴이 아픈 것을 낫게 하고 음식을 삭게 하며 비린 냄새를 없앤다.

동의보감에 수록된
필발(인도긴후추)

○ 필발(인도긴후추) 열매

○ 프랑스의 필발(인도긴후추) 제품

| 한방 약미(藥味)와 약성(藥性) | 맛은 맵고 성질은 열(熱)하다.

| 한방 효능 |

- 중초(中焦, 위 주위)를 따뜻하게 하여 한사(寒邪)를 제거한다.
- 기운을 아래로 내려 통증을 완화시키는 효능이 있다.

| 약효 해설 |

- 장위(腸胃)가 차서 일어나는 복부 동통, 구토, 식욕감퇴, 설사 치료에 좋다.
- 두통, 고환이 붓고 아픈 증상, 축농증, 치통을 치료한다.
- 항균작용이 있다.
- 항암 효능의 성분이 함유되어 있다.

| 약용법 | 열매 1~3g을 물 800mL에 넣고 달여서 반으로 나누어 아침저녁으로 마신다.

1.91 한련(금련)

- **영어명** : nasturtium, garden nasturtium, Indian cress, monks cress
- **한약명** : 한련화(旱蓮花), 한금련(旱金蓮)
- **기타 명칭** : capucine tubéreuse(프랑스어), nasturzio tuberoso(이태리어), 킨렌카(金蓮花, 일본어)
- **학명** : *Tropaeolum majus* L.(식물명: 한련화, 금련화)
- **과명** : 한련과(Tropaeolaceae)
- **이용부위** : 지상부

◯ 한련화 지상부

○ 한련화 잎

| **재배지** | 페루, 브라질이 원산지이며 주산지는 남미, 미국, 프랑스, 독일이고 한국에도 분포한다.

| **식품공전** | 한국 <식품공전>의 '식품에 사용할 수 있는 원료' 부분에 한련, 금련 이름으로 잎, 꽃, 어린순이 수재되어 있다.

| **요리 및 이용** | 잎을 샐러드에 첨가하거나 치킨 샌드위치에 넣어 맛을 더 낼 수 있다.

| **한방 약미(藥味)와 약성(藥性)** | 맛은 맵고 시며 성질은 서늘하다.

| **한방 효능** |
- 열사를 제거하고 열독을 풀어준다.
- 열로 인해서 생긴 혈열을 식히고 지혈한다.

❶❷❸❹ 한련화

| 약효 해설 |

- 눈이 충혈되면서 붓고 아픈 증상에 유효하다.
- 토혈, 객혈 치료에 좋다.
- 소염작용이 있다.

| 약용법 | 신선한 지상부 15~30g을 물 800mL에 넣고 달여서 반으로 나누어 아침저녁으로 마시거나 적당량 외용한다.

1.92 헬리오트로프

❖ **영어명** : heliotrope, cherry pie, garden heliotrope
❖ **기타 명칭** : 향수초(香水草)
❖ **학명** : *Heliotropium arborescens* L.
　　　　(=*Heliotropium peruvianum* L.)
❖ **과명** : 지치과(Boraginaceae)
❖ **이용부위** : 꽃

○ 헬리오트로프 잎과 줄기

○ 헬리오트로프 잎

○ 헬리오트로프 꽃

| **재배지** | 페루, 에콰도르가 원산지이며 우리나라에서도 재배한다.

| **명칭** | 라틴학명은 helios가 '태양', trope는 '향한다'는 뜻으로서 '태양을 향한다'는 의미를 가지고 있다. 영문명인 체리파이(cherry pie)는 헬리오트로프의 향기가 짙기 때문에 붙여진 이름이다. 포천 허브아일랜드의 입구에도 대량 재배되고 있다.

| **요리 및 이용** | 꽃에는 초콜릿 향이 있어 향수의 원료로 사용하며 고급 향료로서 여성들에게 인기가 많다.

| **약효 해설** |
- 해열작용이 있다.
- 진해작용이 있다.

○ 헬리오트로프 지상부

1.93 호로파(페뉴그리크)

- **영어명** : fenugreek-씨
- **한약명** : 호로파(胡蘆巴)-씨
- **기타 명칭** : 호파(胡巴), fénugrec(프랑스어), fieno greco(이태리어)
- **학명** : *Trigonella foenum-graecum* L.(식물명: 호로파)
- **과명** : 콩과(Fabaceae, Leguminosae)
- **이용부위** : 씨, 잎

○ 호로파의 꽃과 잎. 씨는 '페뉴그리크'라 하며 향신료로 사용한다.

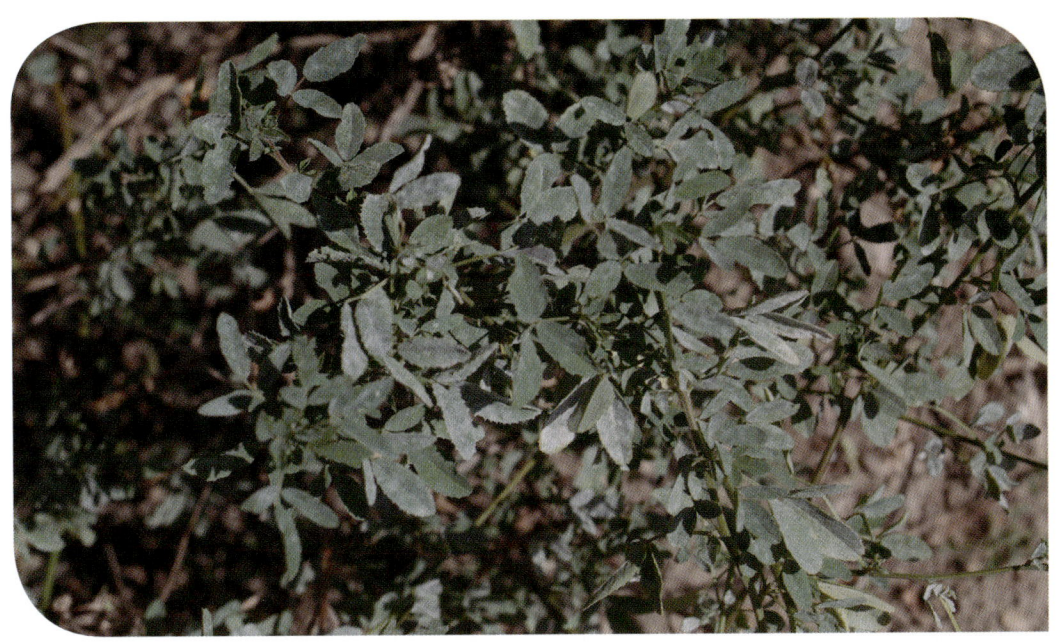

○ 호로파 잎

| **재배지** | 유럽 남부, 아시아 서부가 원산지이며 프랑스, 독일, 스페인, 중국이 주산지이다.

| **식품공전** | 한국 <식품공전>의 '식품에 사용할 수 있는 원료' 부분에 호로파의 명칭으로 열매, 씨가 수재되어 있다.

| **요리 및 이용** | 씨를 굽게 되면 향기가 나며 가루는 카레 요리, 피클에 첨가하여 활용한다. 어린잎은 약간 쓴맛이 나기도 하지만 전체적으로 좋은 향과 맛을 낸다. 그래서 샐러드 또는 샌드위치에 잎을 넣어 먹으면 훌륭한 맛을 즐길 수 있다.

| **건강기능식품의 기능성** |

- 호로파는 우리나라 <건강기능식품>에 수재되어 있다.
- 기능성은 혈당 상승 억제에 도움을 줄 수 있는 것이다.
- 일일섭취량은 호로파 종자 식이섬유로서 12~50g이다.

| **동의보감 효능** | 호로파(胡蘆巴, 페뉴그리크)는 성질은 따뜻하고 맛은 쓰며 독이 없다. 신이 허랭하여 배와 옆구리가 창만한 것, 얼굴빛이 검푸른 것을 낫게 한다. 신(腎)이 허랭한 것을 낫게 하는 데 가장 요긴한 약이라고 한 데도 있다.

| **한방 약미(藥味)와 약성(藥性)** |

씨

맛은 쓰고 성질은 따뜻하다.

| **한방 효능** |

씨

- 신기(腎氣)에 양기(陽氣)를 보태는 효능이 있다.
- 한습을 제거하는 효능이 있다.

| **약효 해설** |

씨

- 신장의 기능이 허약해져서 나타나는 요통에 효과가 있다.
- 복부팽만, 비위허약에 유효하다.
- 최유작용이 있다.

동의보감에 수록된
호로파(페뉴그리크)

| **약용법** | 씨 5~10g을 물 800mL에 넣고 달여서 반으로 나누어 아침저녁으로 마시거나 적당량 외용한다.

○ 호로파 꽃

❶❷ 호로파(페뉴그리크) 씨

○ 태국의 호로파(페뉴그리크) 제품

천연 향신료_호로파(페뉴그리크)

1.94 홉

- **영어명** : hops
- **한약명** : 비주화(啤酒花)
- **기타 명칭** : 홉포(忽布), houblon(프랑스어), luppolo(이태리어)
- **학명** : *Humulus lupulus* L.(식물명: 홉)
- **과명** : 뽕나무과(Moraceae)
- **이용부위** : 암꽃이삭

◌ 홉의 잎

○ 홉 지상부

| 재배지 |　원산지는 유럽, 아시아, 북미의 북부지역이며 독일, 프랑스, 이탈리아, 북미가 주산지이다.

| 요리 및 이용 |　맥주에 향과 쓴맛을 제공한다. 쓴맛은 식욕을 돋우고 위산 분비를 촉진하여 소화를 돕는다.

| 한방 약미(藥味)와 약성(藥性) |　맛은 쓰고 성질은 약간 서늘하다.

| 한방 효능 |

- 위를 튼튼하게 하고 음식을 소화시킨다.
- 마음을 안정시키고 진정시킨다.
- 이뇨 효능이 있다.

| 약효 해설 |

- 불안, 불면증에 효과가 있다.
- 방광염, 폐결핵 치료에 도움이 된다.
- 기침, 가래 제거에 좋다.
- 식욕증진 효과가 있다.

| 약용법 |　암꽃이삭 3~9g을 물 800mL에 넣고 달여서 반으로 나누어 아침저녁으로 마신다.

1.95 홍화

- **영어명** : safflower
- **한약명** : 홍화(紅花) - 꽃, 홍화자(紅花子) - 열매
- **기타 명칭** : carthame(프랑스어), cartamo(이태리어)
- **학명** : *Carthamus tinctorius* L.(식물명: 잇꽃)
- **과명** : 국화과(Asteraceae, Compositae)
- **이용부위** : 꽃(관상화)

◉ 홍화 지상부

○ 홍화 잎 생김새　　　　　　　　　　　　　　　　　○ 홍화 꽃 생김새

| **재배지** |　서남아시아가 원산지이며 유럽, 북미, 캐나다, 중국, 인도에서 재배한다.

| **식품공전** |　한국 <식품공전>의 '식품에 사용할 수 있는 원료' 부분에 홍화의 어린잎이 수재되어 있다.

| **요리 및 이용** |　홍화 꽃은 분말로 하여 요리에 사용하거나 착색료로도 활용 가능하다. 식물 자체에 강한 방향은 없지만 씨에 비휘발성 오일이 함유되어 있고, 이 오일 성분은 혈중 콜레스테롤 감소, 동맥경화 예방으로 알려진 리놀렌산이 많이 함유되어 있으므로 건강식품으로서 관심을 받고 있다.

| **건강기능식품의 기능성** |

- 홍화씨 유(油) 성분의 공액리놀레산은 우리나라 <건강기능식품>에 수재되어 있다.
- 기능성은 과체중인 성인의 체지방 감소에 도움을 줄 수 있는 것이다.
- 일일섭취량은 공액리놀레산으로 1.4~4.2g이다.
- 섭취 시 주의사항은 위장장애가 발생할 수 있으며 영·유아, 임산부는 섭취를 삼가야 한다는 것이다.

| 한방 약미(藥味)와 약성(藥性) | 맛은 맵고 성질은 따뜻하다.

| 한방 효능 |

- 피의 순환을 촉진하고 경맥의 흐름을 원활하게 한다.
- 어혈을 제거하고 통증을 없앤다.

| 약효 해설 |

- 통경작용이 있다.
- 타박상에 활용한다.
- 갱년기장애 등의 혈액순환장애 치료에 사용한다.
- 동맥경화의 예방 효과가 있다.
- 골절상에 씨를 볶아서 가루로 만들어 복용한다.

| 약용법 | 꽃 3~10g을 물 800mL에 넣고 달여서 반으로 나누어 아침저녁으로 마신다.

○ 건조한 홍화 꽃

○ 볶은 홍화 씨

❶❷ 티베트 홍화

○ 홍화 열매

○ 홍화 재배밭

천연 향신료_홍화

1.96 후추

- **영어명** : pepper
- **한약명** : 호초(胡椒)
- **기타 명칭** : poivre(프랑스어), pepe nero(이태리어)
- **학명** : *Piper nigrum* L.(식물명: 후추)
- **과명** : 후추과(Piperaceae)
- **이용부위** : 열매

◉ 후추나무 지상부

| **재배지** | 인도 말라바 지역이 원산지이며 인도, 인도네시아, 말레이시아, 태국, 브라질에서 대량 생산한다.

| **불로장수의 정력제** | 후추는 유럽에서는 기원전 400년경 아라비아 상인을 통하여 전래되었다. 유럽에서는 후추를 불로장수의 정력제라 믿었으며 후추의 산지인 인도와의 사이에 아라비아가 가로막고 있어서 아라비아 상인을 통하여 금이나 은보다도 비싼 값으로 구입하였다.

| **요리 및 이용** | 여러 나라의 많은 요리에 이용하는 향신료이다. 자극적인 매운맛과 향이 특징인 후추는 고기, 생선 요리, 수프 등에 첨가하여 활용한다. 후추를 미리 갈아놓으면 향을 빨리 잃으므로 가능하면 통후추를 보관했다가 사용할 때 갈아 쓰는 것이 좋다.

| **동의보감 효능** | 호초(胡椒, 후추)는 기를 내리고 속을 따뜻하게 하며 담을 삭이고 장부의 풍과 냉을 없애며 곽란과 명치 밑에 냉이 있어 아픈 것, 냉리(冷痢, 찬것과 생것, 불결한 음식을 지나치게 먹고 한기가 막혀서 통하지 않아 비의 양기가 상해서 발생하는 증상)를 낫게 한다. 또한 모든 생선, 고기 및 버섯 독을 풀어준다.

동의보감에 수록된 후추(호초)

○ 후추 잎 생김새

○ 후추 잎과 열매

| 한방 약미(藥味)와 약성(藥性) | 맛은 맵고 성질은 열(熱)하다.

| 한방 효능 |

- 중초(中焦, 위의 소화작용을 맡는 심장에서 배꼽 사이의 부분)를 따뜻하게 하여 한사(寒邪)를 제거하는 효능이 있다.
- 기(氣)를 다스려 통증을 멎게 하는 효능이 있다.

| 약효 해설 |

- 소량에서 식욕증진작용이 있다.
- 외용으로 습진에도 효과가 있다.
- 관절염 치료 효과가 있다.
- 소아의 소화불량에 의한 설사, 만성 기관지염과 천식, 신경쇠약에 임상 효과가 있다.

| 약용법 | 열매 2~8g을 물 800mL에 넣고 달여서, 반으로 나누어 아침저녁으로 마신다.

○ 후추나무에 달린 열매　　　　　　　　　　　　　　○ 후추 열매

○ 중국의 하와이라 불리는 하이난 섬의 후추 재배단지. 후추는 '하이난의 6대 남약'에 속한다.

1.97 히섭

- **영어명** : hyssop
- **기타 명칭** : 신향초(神香草), hysope(프랑스어), issopo(이태리어)
- **학명** : *Hyssopus officinalis* L.
- **과명** : 꿀풀과(Lamiaceae, Labiatae)
- **이용부위** : 잎, 지상부

○ 히섭 지상부

| **재배지** | 유럽 남부와 동남부가 원산지이며 프랑스, 독일, 네덜란드가 주산지이다.

| **식품공전** | 한국 <식품공전>의 '식품에 사용할 수 있는 원료' 부분에 히섭이라는 명칭으로 꽃, 잎이 수재되어 있으므로 식용이 가능하다.

| **요리 및 이용** | 어린 생잎은 매콤한 냄새와 약간 쓴맛이 나므로 샐러드, 수프, 소스에 조금씩 넣어 사용한다. 말린 잎과 꽃은 육류와 생선 요리에 향신료로 사용하고 차로도 마실 수 있다. 히섭을 기름기 많은 음식과 먹으면 소화를 돕는 작용이 나타난다.

| **약효 해설** |
- 히섭의 오일은 전통적으로 기관지 질환에 사용했다.
- 살충, 진경작용이 있다.

○ 히섭의 잎 생김새

○ 히섭의 꽃 생김새

○ 히섭의 잎과 줄기

2장

향기 나는 한약

조선 말, 특히 고종 대에는 국세가 쇠퇴하고 내외의 정정(政情)이 많아 변천이 극에 달하여 의서(醫書)를 백성이 한가로이 접할 수 있는 세상이 되지 못하였다. 깊고 넓은 <동의보감>이나 <의학입문> 등을 읽고 있을 상황이 되지 못했으므로 좀 더 간략하고 이해를 쉽게 할 수 있는 의서를 요망하게 되었다.

당대의 명의였던 혜암(惠庵) 황도연(黃度淵)은 1855년(철종 6년)에 우선 <부방편람> 14권을 저술하였다. 이 책은 <동의보감>을 근본으로 하여 각종 질환의 치료법 중 유용한 것을 간추려 정리한 것이다. 그 후 여러 과정을 거쳐 그의 아들 필수(泌秀)가 개편하여 <방약합편(方藥合編)> 1권을 1885년(고종 22년)에 간행하였다.

<방약합편>은 한약을 산에서 나는 풀인 '산초', 향기 나는 풀인 '방초(芳草)', 습지에서 나는 풀인 '습초', 독이 있는 풀인 '독초', 덩굴 풀인 '만초', 물이나 물가에 나는 풀인 '수초' 등 44가지로 분류해놓고 있다.

<방약합편>의 향기 나는 한약인 방초 부분에는 33종의 한약이 소개되어 있다. 즉 당귀, 천궁, 사상자, 고본, 백지, 백작약, 적작약, 목향, 감송향, 고량강, 초두구, 초과, 백두구, 사인, 익지인, 필발, 육두구, 파고지, 강황, 울금, 아출, 삼릉, 향부자, 곽향, 택란, 향유, 형개, 박하, 자소엽, 자소자, 대회향, 소회향, 백합이다.

이 중 필발(인도긴후추), 육두구(넛메그), 강황, 울금, 아출, 박하, 자소엽(시소), 자소자(시소), 대회향(페넬), 소회향(딜)은 제1장에서 소개했다.

    제2장에서는 나머지 <방약합편>의 방초 한약, 즉 당귀, 천궁, 사상자, 고본, 백지, 백작약, 적작약, 목향, 감송향, 고량강, 초두구, 초과, 백두구, 사인, 익지인, 파고지, 삼릉, 향부자, 곽향, 택란, 향유, 형개, 백합에 대해 설명한다. 백작약과 적작약은 현재 작약으로 통일되어 있으며 파고지는 보골지를 말한다.

    <방약합편> 수재 외에 향기 나는 한약으로 알려진 약재, 즉 강향, 몰약, 백단향, 백출, 백편두, 아선약, 안식향, 영릉향, 오약, 용뇌, 유향, 자단향, 창출, 침향, 후박도 함께 기재한다. 이들 식물 중에는 식품으로 사용 가능한 것과 한약으로만 사용해야 하는 식물이 있는데 이에 대한 구분은 본문 속에 설명되어 있다.

2.01 감송향

- **한약명** : 감송향(甘松香)
- **기타 명칭** : 감송(甘松)
- **학명** : *Nardostachys chinensis* Batal (식물명: 감송)
  Nardostachys jatamansi DC. (식물명: 시엽감송, 匙葉甘松)
- **과명** : 마타리과(Valerianaceae)
- **이용부위** : 뿌리 및 뿌리줄기

◯ 뿌리 및 뿌리줄기를 약재로 쓰는 감송향

○ 감송향(세절 건조)

| 재배지 | 아시아가 원산지이며 중국, 인도, 부탄에 분포한다.

| 감송향의 기원 | 한방에서 식물인 감송 또는 시엽감송의 뿌리 및 뿌리줄기를 한약명으로 감송향(甘松香)이라 한다.

| 식품공전 | 감송향은 한국 <식품공전>의 '식품에 사용할 수 있는 원료', '식품에 제한적으로 사용할 수 있는 원료' 그리고 '식품에 사용할 수 없는 원료' 부분에 기재되어 있지 않다.

| 방약합편 | <방약합편>의 방초(芳草, 향기 나는 한약) 편에 감송향이 수재되어 있다.

| 한약의 냄새와 맛 | 이 약은 특유한 냄새가 있고 맛은 쓰고 매우나 청량감을 준다.

| 동의보감 효능 | 성질은 따뜻하고 맛은 달며 독이 없다. 명치 아래와 복통을 낫게 하며 기를 내린다.

| 한방 약미(藥味)와 약성(藥性) | 맛은 맵고 달며 성질은 따뜻하다.

| 한방 효능 |
- 기를 통하게 하고 통증을 멈추는 효능이 있다.
- 막힌 것을 열고 비기(脾氣)가 허해서 무력해진 증상을 치료한다.

| 약효 해설 |
- 신경성 위통에 유효하다.
- 항부정맥 효과가 있다.

동의보감에 수록된 감송향

| 약용법 | 뿌리 및 뿌리줄기 3~6g을 물 800mL를 넣고 달여서 반으로 나누어 아침저녁으로 마신다.

2.02 강향

- **영어명** : fragrant rosewood
- **한약명** : 강향(降香), 강진향(降眞香)
- **학명** : *Dalbergia odorifera* T. Chen.(식물명: 강향단, 降香檀)
- **과명** : 콩과(Fabaceae, Leguminosae)
- **이용부위** : 줄기와 뿌리의 심재(心材, 목재 안쪽의 빛깔이 짙은 부분)

◐ 강향단 나무. 이 나무의 줄기와 뿌리를 강향이라 부른다.

○ 강향단 나무 잎

○ 강향단 나무 수형

| **재배지** | 인도, 중국에서 재배한다.

| **식품공전** | 한국 <식품공전>의 '식품에 제한적으로 사용할 수 있는 원료' 부분에 뿌리 및 뿌리줄기가 수재되어 있으므로 식용할 수 있다.

| **한약의 냄새와 맛** | 특유한 향기가 약간 있고 맛은 약간 쓰다.

| **동의보감 효능** | 강진향(降眞香, 강향)은 돌림열병이 도는 시기, 집안에 괴상한 기운이 있을 때에 피우면 사기와 나쁜 기운을 물리친다. 이것을 태우면 학이 내려와 빙빙 날아다닌다고도 하며 또 피우면 덕을 많이 입는다고 했다.

| **한방 약미(藥味)와 약성(藥性)** | 맛은 맵고 성질은 따뜻하다.

| **한방 효능** |
- 어혈(瘀血)을 풀어주고 출혈을 없애는 효능이 있다.
- 기를 다스려 통증을 멎게 한다.

| **약효 해설** |
- 진통 효능이 있다.
- 타박상, 부스럼을 치료한다.
- 습기(濕氣)를 받아서 뼈마디가 저리고 아픈 병으로 인하여 허리와 다리가 아픈 증상을 치료한다.

| **약용법** | 목재 9~15g을 물 800mL에 넣고 달여서 반으로 나누어 아침저녁으로 마신다. 외용할 때는 강향 적당량을 사용한다.

동의보감에 수록된 강향(강진향)

고량강

- **영어명** : alpinia officinari rhizome
- **한약명** : 고량강(高良薑)
- **학명** : *Alpinia officinarum* Hance (식물명: 고량강)
- **과명** : 생강과(Zingiberaceae)
- **이용부위** : 뿌리줄기

○ 고량강 재배지

| **재배지** | 중국 남부지역, 특히 하이난(海南)성에서 대량 생산하며 한국에서도 재배한다.

| **식품공전** | 한국 <식품공전>의 '식품에 제한적으로 사용할 수 있는 원료' 부분에 뿌리줄기가 수재되어 있으므로 식용할 수 있다.

| **방약합편** | <방약합편>의 방초(芳草, 향기 나는 한약) 편에 고량강이 수재되어 있다.

| **한약의 냄새와 맛** | 이 약은 특유한 냄새가 있고 맛은 아주 맵다.

| **입냄새 날때 효과** | 중국의 한약서인 <중약대사전>에는 '갑자기 속이 메슥거리고 멀건 물을 토하는 증상을 치료하자면 주사위만 한 크기의 고량강 뿌리를 입에 물고 그 타액으로 입안에서 입가심하면 바로 낫는다. 입에서 역한 냄새가 날 때도 이 같은 방법으로 입에 물고 있는다. 초두구 가루를 넣고 함께 달여서 늘 마시면 좋다'고 설명하고 있다.

○ 고량강 꽃봉오리   ○ 고량강 꽃 생김새

○ 고량강 열매

동의보감에 수록된 고량강

| 동의보감 효능 | 고량강의 성질은 약간 열하고[微熱] 맛은 맵고 쓰며[辛苦] 독이 없다. 위(胃) 속에서 냉기가 치미는 것과 곽란으로 토하고 설사하는 것을 낫게 한다. 복통을 멎게 하고 설사, 이질[痢]을 낫게 하며 묵은 식체[宿食]를 내려가게 하고 술독을 풀어준다.

| 한방 약미(藥味)와 약성(藥性) | 맛은 맵고 성질은 열(熱)하다.

| 한방 효능 |

- 비(脾)를 따뜻하게 하고 속이 메슥거려 토(吐)하려는 증상을 멈추게 한다.
- 병을 일으키는 냉기를 없애고 통증을 멈추는 효능이 있다.

| 약효 해설 |

- 비위가 차서 일어나는 복통, 구토, 설사에 효력이 강하다.
- 음식물이 들어가면 토하는 증상을 치료한다.
- 찬 음식이나 음료, 과일을 먹고 일어난 복통, 설사에도 효과가 있다.
- 구토와 설사, 식도암으로 인하여 생긴 반위(反胃)를 치료한다.

| 약용법 | 뿌리줄기 3~6g을 물 800mL에 넣고 달여서, 반으로 나누어 아침저녁으로 마신다.

○ 채취한 고량강 뿌리줄기

○ 건조된 고량강 뿌리줄기

2.04 고본

- **한약명**: 고본(藁本)
- **학명**: *Ligusticum tenuissimum* Kitagawa (식물명: 고본)
  Ligusticum sinense Oliv. (식물명: 중국고본, 中國藁本)
  Ligusticum jeholense Nakai et Kitagawa (식물명: 요고본, 遼藁本)
- **과명**: 산형과 (Apiaceae, Umbelliferae)
- **이용부위**: 뿌리줄기 및 뿌리

○ 중국고본(*Ligusticum sinense*)의 잎

○ 중국고본(*Ligusticum sinense*)의 잎 생김새

○ 중국고본(*Ligusticum sinense*)의 꽃

| 재배지 | 한국, 중국 동부지역에 분포한다.

| 고본의 기원 | 한방에서 식물인 고본, 중국고본, 또는 요고본의 뿌리줄기 및 뿌리를 한약명으로 고본(藁本)이라 한다.

| 식품공전 | 한국 <식품공전>의 '식품에 제한적으로 사용할 수 있는 원료' 부분에 고본의 뿌리 및 뿌리줄기가 수재되어 있으므로 식용할 수 있다.

| 방약합편 | <방약합편>의 방초(芳草, 향기 나는 한약) 편에 고본이 수재되어 있다.

| 한약의 냄새와 맛 | 이 약은 특유한 냄새가 있고 맛은 맵다.

| 동의보감 효능 | 성질은 약간 따뜻하고(약간 차다고도 한다) 맛은 맵고 쓰며 독이 없다. 잎은 구릿대(백지)와 비슷하며 또 궁궁이(천궁)와도 비슷하나 고본의 잎은 가늘다. 그 뿌리 위에선 싹이 돋아나지만 밑으로는 마른 것 같기 때문에 고본이라 한다.

동의보감에 수록된 고본

| **한방 약미(藥味)와 약성(藥性)** | 맛은 맵고 성질은 따뜻하다.

| **한방 효능** |

- 풍(風)과 한사(寒邪)를 제거하는 효능이 있다.
- 습사(濕邪)를 제거하는 효능이 있다.

| **약효 해설** |

- 두통, 발열, 콧물에 쓴다.
- 피부 진균의 저해작용이 있다.

| **약용법** | 뿌리줄기 및 뿌리 3~10g을 물 800mL를 넣고 달여서 반으로 나누어 아침저녁으로 마신다.

○ 중국고본(*Ligusticum sinense*)의 꽃대

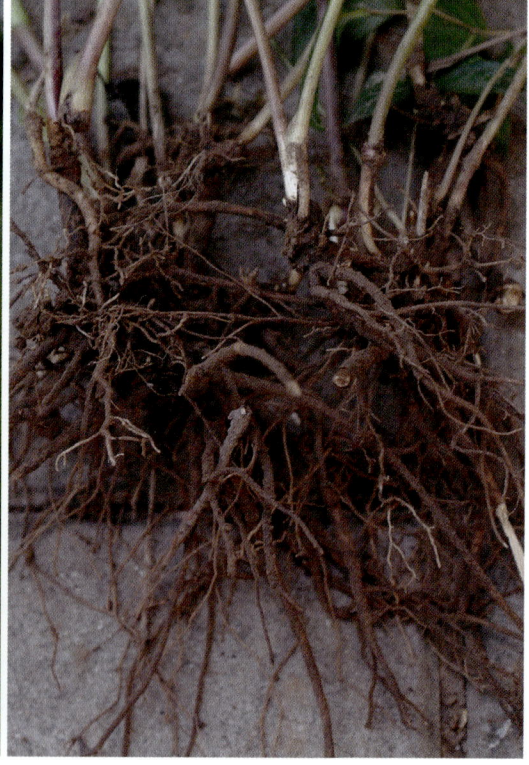

○ 요고본(*Ligusticum jeholense*)의 채취한 뿌리

○ 건조 중인 고본 뿌리 절편

○ 향신료 및 약재로 쓰이는 고본 뿌리(절편)

2.05 곽향(배초향)

- **한약명** : 곽향(藿香)
- **기타 명칭** : 토곽향(土藿香), 배초향(排草香)
- **학명** : *Agastache rugosa* (Fischer et Meyer) O. Kuntze(식물명: 배초향)
- **과명** : 꿀풀과(Lamiaceae, Labiatae)
- **이용부위** : 지상부

○ 배초향 꽃. 이 식물의 지상부를 한약명으로 '곽향'이라 부른다.

○ 배초향의 꽃 생김새

| **재배지** | 한국, 중국, 일본, 동시베리아 지역에 분포한다.

| **식품공전** | 한국 <식품공전>의 '식품에 사용할 수 있는 원료'에 배초향의 어린잎이, '식품에 제한적으로 사용할 수 있는 원료' 부분에는 배초향의 지상부가 수재되어 있으므로 식용할 수 있다.

| **방약합편** | <방약합편>의 방초(芳草, 향기 나는 한약) 편에 곽향이 수재되어 있다.

| **한약의 냄새와 맛** | 이 약은 특유한 향기가 있고 맛은 담담하고 약간 시원하다.

| **동의보감 효능** | 곽향(藿香)은 풍수와 독종을 낫게 하며 나쁜 기운을 없애고 곽란을 멎게 하며 비위병으로 오는 구토와 구역질을 낫게 하는 데 가장 필요한 약이다.

| **한방 약미(藥味)와 약성(藥性)** | 맛은 맵고 성질은 약간 따뜻하다.

동의보감에 수록된 곽향(배초향)

향기 나는 한약_곽향(배초향)

○ 배초향 잎

○ 배초향의 종자 결실 과정

○ '곽향'이라는 한약재로 건조 가공한 배초향 지상부

| 한방 효능 |

- 습(濕)을 말려 위기(胃氣)가 조화롭지 못한 것을 치료한다.
- 풍한(감기 또는 고뿔)을 발산시키고 여름에 날씨가 몹시 더워 생기는 병을 낫게 한다.

| 약효 해설 |

- 구토, 설사, 이질을 치료한다.
- 복부창만, 식욕부진에 유효하다.

| 약용법 | 지상부 6~10g을 물 800mL를 넣고 달여서 반으로 나누어 아침저녁으로 마신다.

2.06 광곽향

- **영어명** : pogostemon herb
- **한약명** : 광곽향(廣藿香)
- **학명** : *Pogostemon cablin* Bentham (식물명: 광곽향)
- **과명** : 꿀풀과(Lamiaceae, Labiatae)
- **이용부위** : 지상부

◎ 광곽향 잎

| **재배지** | 인도, 스리랑카, 인도네시아 그리고 중국 남부지역에서 재배한다.

| **기원** | 광곽향(廣藿香)은 광곽향 *Pogostemon cablin*(꿀풀과)의 지상부이다. 광(廣)이란 중국 광둥(廣東)성 지역에서 산출하였다는 뜻이다. 잎이 마치 콩잎과 비슷하게 생긴 식물로 주로 곽란을 치료하고 향기가 있으므로 곽향(藿香)이라고 하였다고 고(故) 강병수 동국대 교수는 설명했다.

| **식품공전** | 광곽향은 한국 <식품공전>의 '식품에 사용할 수 있는 원료', '식품에 제한적으로 사용할 수 있는 원료' 와 '식품에 사용할 수 없는 원료' 부분에 기재되어 있지 않다.

| **한약의 냄새와 맛** | 광곽향은 특유한 냄새가 있고 맛은 약간 쓰다.

| **한방 약미(藥味)와 약성(藥性)** | 맛은 맵고 성질은 약간 따뜻하다.

| **한방 효능** |
- 중초(위 주위)를 조화롭게 하여 구토를 그치게 한다.
- 땀을 내어 바깥에 있는 나쁜 기운을 없애서 열을 내리는 효능이 있다.

| **약효 해설** |
- 식욕부진, 오심, 구토, 설사에 쓰인다.
- 두통, 학질, 이질, 입 냄새를 치료한다.
- 건위, 진정작용이 있다.
- 항암작용이 있다.

| **약용법** | 지상부 3~10g을 물 800mL에 넣고 달여서 반으로 나누어 아침저녁으로 마신다.

○ 중국 하이난 섬의 광곽향 재배밭

2.07 당귀

- **영어명** : angelica gigas root
- **한약명** : 당귀(當歸)
- **학명** : *Angelica gigas* Nakai (식물명: 참당귀)
- **과명** : 산형과(Apiaceae, Umbelliferae)
- **이용부위** : 뿌리

○ 참당귀(*Angelica gigas*) 잎

○ 일당귀(*Angelica acutiloba*) 꽃

○ 일당귀(*Angelica acutiloba*) 열매

| 재배지 | 한국, 중국에서 생산한다.

| 당귀의 기원 | 우리나라에서는 참당귀(*Angelica gigas*)의 뿌리를 한약 당귀로 사용하나 일본에서는 일당귀(*Angelica acutiloba*)의 뿌리를 한약 당귀(當歸)로 쓴다.

| 식품공전 | 한국 <식품공전>의 '식품에 사용할 수 있는 원료' 부분에 참당귀의 뿌리가 수재되어 있으므로 식용할 수 있다.

○ 참당귀(*Angelica gigas*) 꽃

○ 일당귀(*Angelica acutiloba*) 꽃 무리

동의보감에 수록된 당귀

| 방약합편 | <방약합편>의 방초(芳草, 향기 나는 한약) 편에 당귀가 수재되어 있다.

| 동의보감 효능 | 모든 풍병(風病), 혈병(血病), 허로(虛勞)를 낫게 하며 궂은 피를 헤치고[破惡血] 새 피를 생겨나게 한다. 징벽(癥癖)과 부인의 붕루(崩漏)와 임신 못 하는 것에 주로 쓰며 여러 가지 나쁜 창양(瘡瘍)과 쇠붙이에 다쳐서 어혈이 속에 뭉친 것을 낫게 한다. 이질로 배가 아픈 것을 멎게 하며 온학(溫瘧)을 낫게 하고 오장을 보(補)하며 살이 살아나게 한다. 기혈(氣血)이 혼란된 때에 먹으면 곧 안정된다. 그것을 각기 해당한 곳으로 가게 하는 효과가 있기 때문에 상체의 병을 낫게 하려면 술에 담갔다 쓰고 겉에 병을 낫게 하려면 술로 씻어서 쓰며 혈병에 쓸 때에는 술에 축여 쪄서 담이 있을 때에는 생강즙에 축여 볶아서 쓴다.

| 한약의 냄새와 맛 | 이 약은 특유한 냄새가 있고 맛은 약간 쓰면서 달다.

| 한방 약미(藥味)와 약성(藥性) | 맛은 달고 매우며 성질은 따뜻하다.

| 한방 효능 |

- 풍(風)을 제거하고 경락에 기가 잘 통하게 한다.
- 혈(血)의 운행을 활발히 하여 통증을 없앤다.
- 보익약(補益藥), 즉 원기가 부족해서 일어나는 병증을 치료하는 약물이다.

| 약효 해설 |

- 보혈작용이 있다.
- 사지관절에 동통이 있는 것을 치료한다.
- 타박상, 골절상에 혈액순환을 활발하게 한다.

| 약용법 | 뿌리 10~15g을 물 800mL를 넣고 달여서 반으로 나누어 아침저녁으로 마신다.

○ 참당귀 생뿌리

❶❷ 당귀 뿌리 세절 건조

○ 일당귀 뿌리(건조)

○ 중국당귀의 뿌리(건조)

2.08 목향

- **한약명** : 목향(木香)
- **학명** : *Aucklandia lappa* Decne.(식물명: 목향)
- **과명** : 국화과(Asteraceae, Compositae)
- **이용부위** : 뿌리

○ 뿌리를 약재로 쓰는 목향

| **재배지** | 중국, 인도, 미얀마에 분포한다.

| **식품공전** | 한국 <식품공전>의 '식품에 사용할 수 없는 원료' 부분에 뿌리가 수재되어 있으므로 식용할 수 없다.

| **방약합편** | <방약합편>의 방초(芳草, 향기 나는 한약) 편에 목향이 수재되어 있다.

○ 건조 가공한 목향 뿌리(절편)

| **한약의 냄새와 맛** | 이 약은 특유한 냄새가 있고 맛은 약간 쓰다.

| **동의보감 효능** | 가슴과 배가 온갖 기로 아픈 것, 아홉 가지 심통(心痛), 여러 해 된 냉기로 불러 오르면서 아픈 것, 현벽(痃癖), 징괴(癥塊) 등을 치료한다. 또한 설사, 곽란, 이질 등을 멈추며 독을 풀어주고 헛것에 들린 것을 낫게 하며 온역(瘟疫, 급성 유행성 열병)을 방지하고 약의 정기[藥之精]가 목적한 곳으로 잘 가게 한다.

| **한방 약미(藥味)와 약성(藥性)** | 맛은 맵고 쓰며 성질은 따뜻하다.

| **한방 효능** |
- 비(脾)를 튼튼하게 하고 음식을 소화시킨다.
- 기(氣)를 소통시켜 통증을 멎게 한다.

| **약효 해설** |
- 흉복부 창만통에 효과가 있다.
- 구토, 설사를 치료한다.
- 항염증작용이 있다.
- 항암작용이 있다.

| **약용법** | 뿌리 3~6g을 물 800mL를 넣고 달여서 반으로 나누어 아침저녁으로 마신다.

동의보감에 수록된 목향

2.09 몰약

- **영어명** : myrrh
- **한약명** : 몰약(沒藥)
- **학명** : *Commiphora myrrha* Engler(식물명: 몰약수, 沒藥樹)
  Commiphora molmol Engler(식물명: 합지수, 哈地樹)
- **과명** : 감람나무과(Burseraceae)
- **이용부위** : 고무수지(樹脂, 나무에서 분비하는 점도가 높은 액체)

◉ 중국 시장에서 판매 중인 몰약

○ 한국에서 유통 중인 한약 몰약. 위품으로 추정된다.

| **재배지** | 소말리아가 원산지이며 열대 아프리카, 아시아 서부지역에 분포한다.

| **몰약의 기원** | 한방에서 식물인 몰약수 또는 합지수의 고무수지를 한약명으로 몰약(沒藥)이라 한다.

| **식품공전** | 한국 <식품공전>의 '식품에 사용할 수 있는 원료' 부분에 합지수 또는 동속 식물의 고무수지가 수재되어 있으므로 몰약은 식용할 수 있다.

| **한약의 냄새와 맛** | 이 약은 특유한 방향이 있고 맛은 쓰고 씹으면 이에 달라붙는다.

| **동의보감 효능** | 어혈[宿血]을 헤치고 통증을 멈춘다. 타박상, 뼈와 힘줄이 상하거나 부러져서 어혈이 지고 아픈 것, 쇠붙이에 다친 것, 매 맞아 생긴 상처, 여러 가지 악창과 치루를 낫게 한다. 또한 종독(腫毒)을 삭이고 갑자기 하혈하는 것을 멎게 하며 눈에 예장이 생기면서 어지럽고 아프고 그 둘레가 피지는 것을 낫게 한다. 안식향과 비슷한데 그 덩어리의 크기가 고르지 않고 빛이 검다. 부드럽게 갈아 약에 넣어 쓰거나 또는 데운 술에 타서 먹는다. 파사국(페르시아)에 있는 소나무진이다. 어혈을 헤치고 부은 것을 가라앉히며 통증을 멎게 한다. 종창 치료에 신기한 약이다.

| **한방 약미(藥味)와 약성(藥性)** | 맛은 맵고 쓰며 성질은 평(平)하다.

| **한방 효능** |

• 부은 상처를 없어지게 하고 새 살을 나게 하는 효능이 있다.
• 어혈(瘀血)을 제거하고 통증을 없앤다.

| **약효 해설** |

• 생리통, 무월경을 치료하고, 타박상과 관절염에 사용된다.

| **약용법** | 수지 3~5g을 물 800mL에 넣고 달여서 반으로 나누어 아침저녁으로 마시거나 또는 환제, 산제로 만들어 먹는다. 적당량을 가루로 만들어 피부에 외용한다.

동의보감에 수록된 몰약

2.10 백단향

- **영어명** : sandalwood
- **한약명** : 백단향(白檀香)
- **기타 명칭** : 단향(檀香), 전단(旃檀), 백단(白檀), 단향목(檀香木), sandal blanc(프랑스어), sandalo(이태리어)
- **학명** : *Santalum album* L.(식물명: 단향)
- **과명** : 단향과(Santalaceae)
- **이용부위** : 나무줄기의 심재(목재 안쪽의 빛깔이 짙은 부분)

○ 단향의 줄기와 잎. 이 나무의 목재 부분을 '백단향'으로 부른다.

○ 단향 나뭇잎

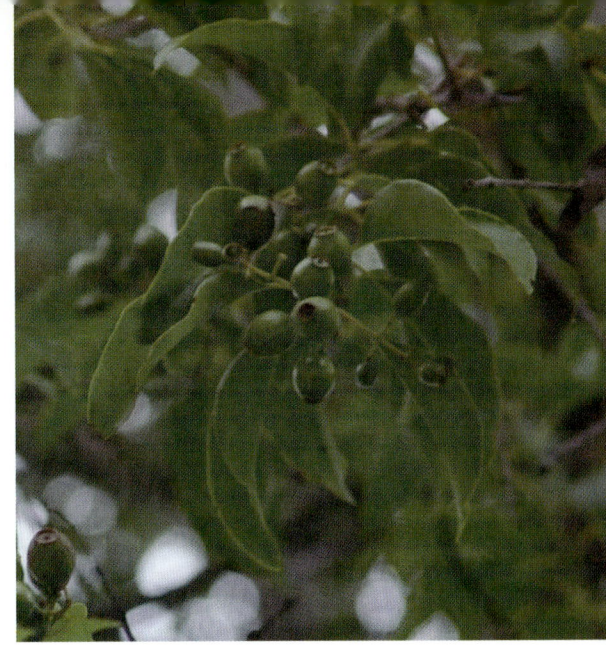

○ 단향 열매

| 재배지 | 인도가 원산지이며 인도와 동남아시아 지역에서 재배한다.

| 식품공전 | 백단향은 한국 <식품공전>의 '식품에 사용할 수 있는 원료', '식품에 제한적으로 사용할 수 있는 원료' 그리고 '식품에 사용할 수 없는 원료' 부분에 기재되어 있지 않다.

| 요리 및 이용 | 요리로 이용하지 않고 향(香)으로 활용된다.

| 한약의 냄새와 맛 | 이 약은 특유한 냄새가 진하게 있고 맛은 맵다.

| 동의보감 효능 | 열로 부은 것을 삭이고 신기로 오는 복통을 낫게 한다. 명치 아래가 아픈 것, 곽란, 중악, 헛것에 들린 것을 낫게 하며 벌레를 죽인다.

| 한방 약미(藥味)와 약성(藥性) | 맛은 맵고 성질은 따뜻하다.

동의보감에 수록된 백단향

○ 약재로 쓰이는 백단향 나무줄기의 심재

○ 단향나무 수형

| 한방 효능 |

- 기를 다스려 중초(中焦)를 조화롭게 하는 화위(和胃)의 효능이 있다.
- 위 활동을 도와주고 통증을 멈추게 한다.

| 약효 해설 |

- 심복통, 식도암으로 인한 구토를 치료한다.
- 건위, 진통약으로 동통, 구토에 쓴다.
- 백단유(油)는 피부암 예방에 효과가 있다.

| 약용법 | 나무줄기 2~5g을 800mL에 넣고 달여서, 반으로 나누어 아침저녁으로 마신다.

2.11 백두구

- **영어명**: round amomum fruit
- **한약명**: 백두구(白豆蔻)
- **학명**: *Amomum kravanh* Pierre ex Gagnep.(식물명: 백두구)
  Amomum compactum Solander ex Maton(식물명: 자바백두구)
- **과명**: 생강과(Zingiberaceae)
- **이용부위**: 열매

◉ 백두구 지상부

○ 땅바닥에서 피는 백두구 꽃

| **재배지** | 동남아와 중국 남부지역에서 많이 생산한다.

| **백두구의 기원** | 한방에서 식물인 백두구 또는 자바백두구의 열매를 한약명으로 백두구(白豆蔻)라 부른다.

| **식품공전** | 한국 <식품공전>의 '식품에 사용할 수 없는 원료' 부분에 '열매(Amomum cardamomum의 열매)'가 수재되어 있으므로 식용할 수 없다.

| **방약합편** | <방약합편>의 방초(芳草, 향기 나는 한약) 편에 백두구가 수재되어 있다.

| **한약의 냄새와 맛** | 이 약은 방향성이며 맛은 맵다.

| **동의보감 효능** | 냉적(冷積, 배가 아프고 식욕이 부진하며 먹은 것이 소화되지 않는 증상)을 낫게 하고 구토와 반위증(反胃證)을 멎게 하며 음식을 삭게 하고 기를 내리게 한다.

| **한방 약미(藥味)와 약성(藥性)** | 맛은 맵고 성질은 따뜻하다.

동의보감에 수록된 백두구

❶❷ 백두구 꽃

| 한방 효능 |

- 습(濕)을 말려 기(氣)의 운행을 좋게 한다.
- 중초(中焦, 위 주위)를 따뜻하게 하고 구토를 가라앉힌다.
- 위의 활동을 도와 음식을 먹을 때 식욕을 돋우어주고 잘 소화시킨다.

| 약효 해설 |

- 기체(氣滯), 식체(食滯)에 쓰인다.
- 음식을 먹고 나서 일정한 시간이 경과한 후 먹은 것을 도로 토해내는 반위(反胃) 증상을 치료한다.
- 배가 아프고 식욕이 부진하며 먹은 것이 소화되지 않는 증상을 낫게 한다.

○ 열매를 '백두구'라는 한약재로 사용(건조)

| 약용법 | 열매 3~6g을 물 800mL에 넣고 달여서, 반으로 나누어 아침저녁으로 마신다.

2.12 백지

- **영어명** : angelica dahurica root
- **한약명** : 백지(白芷)
- **학명** : *Angelica dahurica* Bentham et Hooker f.(식물명: 구릿대)
  Angelica dahurica Bentham et Hooker f. var. formosana Shan et Yuan(식물명: 항백지, 杭白芷)
- **과명** : 산형과(Apiaceae, Umbelliferae)
- **이용부위** : 뿌리

○ 구릿대(*Angelia dahurica*)의 지상부. 이 식물의 뿌리를 한약명으로 '백지'라 한다.

○ 구릿대(*Angelia dahurica*) 꽃

동의보감에 수록된 백지

| **재배지** | 한국, 중국, 일본에 분포한다.

| **백지의 기원** | 한방에서 식물인 구릿대 또는 항백지의 뿌리를 한약명으로 백지(白芷)라 부른다.

| **식품공전** | 백지는 한국 <식품공전>의 '식품에 사용할 수 있는 원료', '식품에 제한적으로 사용할 수 있는 원료' 그리고 '식품에 사용할 수 없는 원료' 부분에 기재되어 있지 않다.

| **방약합편** | <방약합편>의 방초(芳草, 향기 나는 한약) 편에 백지가 수재되어 있다.

| **한약의 냄새와 맛** | 이 약은 특유한 냄새가 있고 맛은 약간 쓰다.

| **동의보감 효능** | 풍사(風邪)로 머리가 아프고 눈앞이 아찔하며 눈물이 나오는 것을 멎게 한다. 부인의 적백대하[赤白漏下], 월

경을 하지 못하는 것, 음부가 부은 것에 쓰며 오래된 어혈을 헤치고 피를 생겨나게 하며 임신하혈로 유산되려는 것을 안정시킨다. 유옹(乳癰), 등창[發背], 나력(瘰癧), 장풍(腸風), 치루(痔瘻), 창이(瘡痍), 옴[疥]과 버짐[癬]을 낫게 한다. 통증을 멎게 하고 새살이 나게 하며 고름을 빨아내거나 삭혀버리며 얼굴에 바르는 기름을 만들어 쓰면 얼굴빛을 부드럽게 하며 얼굴에 기미와 주근깨, 흉터를 없앤다.

| **한방 약미(藥味)와 약성(藥性)** | 맛은 맵고 성질은 따뜻하다.

| **한방 효능** |

- 풍한(風寒, 감기 또는 고뿔)을 발산시키고 한사(寒邪)를 제거하는 효능이 있다.
- 풍(風)을 제거하고 통증을 멈추게 한다.

❶❷ 구릿대 열매

○ 구릿대의 뿌리를 '백지'라는 한약재로 사용(절편 건조)

| 약효 해설 |

- 간세포 보호작용이 있다.
- 축농증으로 인한 두통과 치통에 효과가 있다.
- 배농작용이 있다.

| 약용법 | 뿌리 3~10g을 물 800mL를 넣고 달여서 반으로 나누어 아침저녁으로 마신다.

백출

- **영어명** : atractylodes rhizome white
- **한약명** : 백출(白朮)
- **학명** : *Atractylodes japonica* Koidzumi (식물명: 삽주)
  Atractylodes japonica Koidzumi (식물명: 백출)
- **과명** : 국화과(Asteraceae, Compositae)
- **이용부위** : 뿌리줄기

○ 삽주(*Atractylodes japonica*) 지상부. 이 식물의 뿌리줄기를 한약명으로 '백출'이라 한다.

○ 삽주(*Atractylodes japonica*) 열매와 잎

| 재배지 | 삽주는 우리나라 전역, 일본, 중국 동북지방에 분포한다.

| 백출의 기원 | 한방에서는 식물인 삽주 또는 백출의 뿌리줄기를 한약명으로 백출(白朮)이라 한다.

| 식품공전 | 한국 <식품공전>의 '식품에 제한적으로 사용할 수 있는 원료' 부분에 삽주(*Atractylodes japonica*) 뿌리줄기가 수재되어 있으므로 식용할 수 있다.

| 한약의 냄새와 맛 | 이 약은 특유한 냄새가 있고 맛은 약간 쓰다.

| 동의보감 효능 | 백출(白朮)의 성질은 따뜻하고[溫] 맛이 쓰며[苦] 달고[甘] 독이 없다. 비위를 든든하게 하고 설사를 멎게 하고 습을 없앤다. 또한 소화를 시키고 땀을 거두며 명치 밑이 몹시 그득한 것과 곽란으로 토하고 설사하는 것이 멎지 않은 것

동의보감에 수록된 백출

을 치료한다. 허리와 배꼽 사이의 혈을 잘 돌게 하며 위(胃)가 허랭(虛冷)하여 생긴 이질을 낫게 한다.

| 한방 약미(藥味)와 약성(藥性) | 맛은 맵고 달며 성질은 따뜻하다.

| 한방 효능 |
- 약해진 비(脾)의 기능을 강하게 하고 원기를 돕는다.
- 습사를 없애고 소변을 잘 나가게 한다.
- 임산부와 태아를 안정시키는 효능이 있다.

| 약효 해설 |
- 배가 더부룩하고 메스꺼운 증상을 치료한다.
- 설사, 복통, 위궤양 등에 유효하다.

| 약용법 | 뿌리줄기 6~12g을 물 800mL를 넣고 달여서 반으로 나누어 아침저녁으로 마신다.

○ 삽주(*Atractylodes japonica*) 열매

○ '백출'이라는 약재로 쓰는 삽주 뿌리줄기(세절 건조)

2.14 백편두

- **영어명** : dolichos seed
- **한약명** : 백편두(白扁豆)
- **기타 명칭** : 편두, 까치콩, 편두콩, 제비콩
- **학명** : *Dolichos lablab* Linné (식물명: 편두)
- **과명** : 콩과(Fabaceae, Leguminosae)
- **이용부위** : 씨

◯ 편두 지상부. 이 식물의 씨를 '백편두'라 한다.

○ 편두 떡잎

| **재배지** | 우리나라에서 재배되며 인도, 중국에서 많이 생산한다.

| **식품공전** | 한국 <식품공전>의 '식품에 사용할 수 있는 원료' 부분에 씨가 수재되어 있으므로 식용할 수 있다.

| **한약의 냄새와 맛** | 특유한 냄새가 있으며 맛은 담담하다.

| **한방 약미(藥味)와 약성(藥性)** | 맛은 달고 성질은 약간 따뜻하다.

| **한방 효능** |

- 약해진 비(脾)의 기능을 강하게 하고 습사(濕邪)를 없앤다.
- 중초(中焦)를 조화롭게 하고 더위를 없앤다.

| **약효 해설** |

- 더위로 구갈이 심하면서 가슴이 답답한 증상을 해소한다.
- 여름에 오랫동안 설사가 그치지 않을 때 사용한다.
- 주독(酒毒)을 제거한다.

| **약용법** | 씨 9~15g을 물 800mL에 넣고 달여서 반으로 나누어 아침저녁으로 마신다.

❶❷❸ 편두의 씨(백편두)

○ 중국 간쑤성 룽시(龍西)현의 한 식당에 나온 편두 싹으로 만든 편두아반파채(扁豆芽拌波菜) 요리

향기 나는 한약 _ 백편두

2.15 백합

- **한약명** : 백합(百合)
- **학명** : *Lilium lancifolium* Thunberg(식물명: 참나리)
  Lilium brownii var. *viridulun* Baker(식물명: 백합)
  Lilium pumilum DC.(식물명: 큰솔나리)
- **과명** : 백합과(Liliaceae)
- **이용부위** : 비늘줄기

◉ 참나리 꽃. 이 식물의 비늘줄기를 '백합'이라 한다.

| **재배지** | 한국, 중국, 일본에 분포한다.

| **백합의 기원** | 한방에서 식물인 참나리, 백합 또는 큰솔나리의 비늘줄기를 한약명으로 백합(百合)이라 한다.

| **식품공전** | 한국 <식품공전>의 '식품에 사용할 수 있는 원료' 부분에 비늘줄기가 수재되어 있으므로 식용할 수 있다.

| **방약합편** | <방약합편>의 방초(芳草, 향기 나는 한약) 편에 백합이 수재되어 있다.

| **한약의 냄새와 맛** | 이 약은 냄새가 없고 맛은 약간 쓰다.

| **동의보감 효능** | 상한의 백합병(百合病)을 낫게 하고 대소변을 잘 나가게 하며 모든 사기와 헛것에 들려 울고 미친 소리로 떠드는 것

동의보감에 수록된 백합

◯ 참나리 잎과 줄기

◯ 참나리에 주아가 달린 모습

❶❷ 참나리의 비늘줄기를 '백합'이라는 한약재로 사용(절편 건조)

○ 참나리 꽃봉오리

을 낫게 한다. 고독(蠱毒)을 죽이며 유옹(乳癰), 등창[發背], 창종(瘡腫)을 낫게 한다.

| 한방 약미(藥味)와 약성(藥性) | 맛은 달고 성질은 차다.

| 한방 효능 |

- 열사(熱邪)가 심포(心包)에 침입한 것을 치료하고 마음을 안정시키고 진정시킨다.
- 음(陰)을 자양하고 폐의 진액을 보충하여 윤택하게 한다.

| 약효 해설 |

- 정신을 안정시킨다.
- 진해작용이 있다.

| 약용법 | 비늘줄기 6~12g을 물 800mL를 넣고 달여서 반으로 나누어 아침저녁으로 마신다.

2.16 보골지

- **한약명** : 보골지(補骨脂)
- **기타 명칭** : 파고지(破故紙)
- **학명** : *Psoralea corylifolia* Linné (식물명: 보골지)
- **과명** : 콩과(Fabaceae, Leguminosae)
- **이용부위** : 씨

◯ 보골지 지상부

| 재배지 | 동아시아가 원산지이며 북한, 중국에 분포한다.

| 식품공전 | 한국 <식품공전>의 '식품에 사용할 수 없는 원료' 부분에 씨가 수재되어 있으므로 식용할 수 없다.

| 방약합편 | <방약합편>의 방초(芳草, 향기 나는 한약) 편에 보골지(파고지)가 수재되어 있다.

| 한약의 냄새와 맛 | 이 약은 방향이 있고 맛은 맵고 조금 쓰다.

| 임상 효능 | 보골지가 탈모증 환자에게 효과가 있다는 중국의 임상실험 결과를 소개한다. 환자에게 50% 보골지 주사액 5mL를 하루 한 번씩 근육주사하면서 자외선 조사를 진행했다. 15회 시행한 후 2주일간 휴식하고 다시 계속한 결과, 45명 환자 중 3~6개월 후에 모발이 완전히 회복된 경우는 16명, 모발이 기본적으로 회복된 경우가 18명으로 보골지가 탈모에 효능이 있음이 입증되었다.

○ 보골지의 미성숙 꽃과 잎

❶❷ 보골지 꽃

| 동의보감 효능 | 허로(虛勞), 손상(損傷)으로 골수(骨髓)가 줄어들고 신(腎)이 차서 정액이 저절로 나오고 허리가 아프며 무릎이 차고 음낭이 축축한 것을 낫게 한다. 오줌이 많이 나오는 것을 좋게 하고 뱃속이 찬 것을 낫게 하며 음경이 잘 일어나게 한다. 일명 파고지(破故紙)라고도 하는데 씨가 삼씨(麻子)같이 둥글고 납작하면서 검다.

| 한방 약미(藥味)와 약성(藥性) | 맛은 맵고 쓰며 성질은 따뜻하다.

| 한방 효능 |

- 온열(溫熱)한 약물을 사용하여 신기(腎氣)에 양기(陽氣)를 보탠다.
- 신(腎)이 허한 것을 보하여 천식을 멈추게 한다.
- 비(脾)를 따뜻하게 하여 설사를 멎게 한다.

| 약효 해설 |

- 신(腎)을 보하고 성기능을 돕는다.
- 유정, 소변이 잦은 것, 천식을 치료한다.
- 자궁출혈, 조갑진균증(손톱, 발톱 무좀)에 쓴다.
- 골 형성 촉진, 항종양의 약리작용이 알려져 있다.

| 약용법 | 씨 6~10g을 물 800mL를 넣고 달여서 반으로 나누어 아침저녁으로 마신다.

동의보감에 수록된 보골지

❶❷ 보골지 씨 생김새

사상자

- **한약명** : 사상자(蛇床子)
- **기타 명칭** : 사미(蛇米)
- **학명** : *Cnidium monieri* (L). Cuss(식물명: 벌사상자)
  Torilis japonica Decandolle(식물명: 사상자)
- **과명** : 산형과(Apiaceae, Umbelliferae)
- **이용부위** : 열매

○ 벌사상자(*Cnidium mononieri*) 지상부. 이 식물의 열매를 '사상자'라 한다.

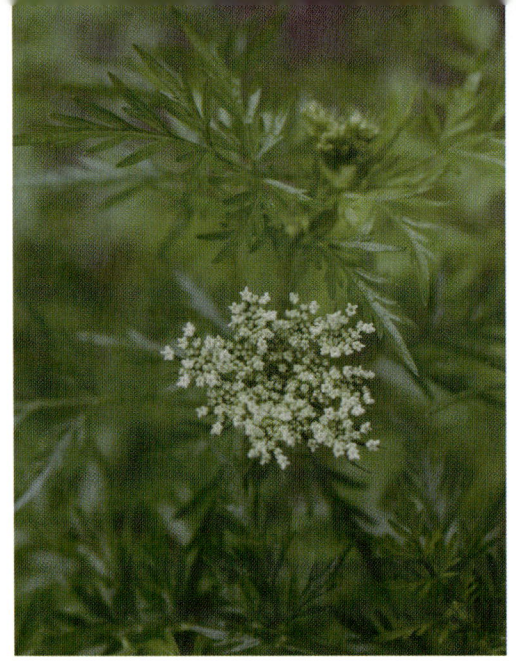
○ 벌사상자(*Cnidium mononieri*) 꽃과 잎

○ 벌사상자(*Cnidium mononieri*) 꽃

동의보감에 수록된 사상자

| **재배지** | 한국, 중국, 몽골, 시베리아 지역에 분포한다.

| **사상자의 기원** | 한방에서 식물인 벌사상자 또는 사상자의 열매를 한약명으로 사상자(蛇床子)라 부른다.

| **식품공전** | 한국 <식품공전>의 '식품에 사용할 수 있는 원료' 부분에 벌사상자의 열매가 수재되어 있으므로 식용할 수 있다.

| **방약합편** | <방약합편>의 방초(芳草, 향기 나는 한약) 편에 사상자가 수재되어 있다.

| **한약의 냄새와 맛** | 이 약은 특유한 향기가 있고 맛은 약간 맵고 혀를 자극한다.

| **동의보감 효능** | 부인의 음부가 부어서 아픈 것과 남자의 음위증(陰痿證), 사타구니가 축축하고 가려운 데 쓴다. 속을 덥히고 기를 내린다. 자궁을 덥게 하고 양기를 세게 한다. 남녀의 생식기를 씻으면 풍랭(風冷)을 없앤다. 성욕을 세게 하며 허리가 아픈 것, 사

○ 벌사상자의 열매는 '사상자'라는 한약재로 사용

타구니에 땀이 나는 것, 진버짐이 생긴 것 등을 낫게 한다. 오줌이 많은 것을 줄이며 적백대하를 치료한다.

| 한방 약미(藥味)와 약성(藥性) | 맛은 맵고 쓰며 성질은 따뜻하다.

| 한방 효능 |

- 습사를 없애고 풍(風)을 제거하는 효능이 있다.
- 신양(腎陽)을 보하고 양기(陽氣)를 강건하게 한다.

| 효능 |

- 음부가 습하여 가려운 것을 치료한다.
- 회충 구제 효과가 있다.
- 성호르몬 유사작용이 있다.

| 약용법 | 열매 3~10g을 물 800mL를 넣고 달여서 반으로 나누어 아침저녁으로 마신다.

2.18 사인

- **영어명** : amomum fruit
- **한약명** : 사인(砂仁)
- **기타 명칭** : 축사(縮砂)
- **학명** : *Amomum villosum* Loureiro var. *xanthioides* T. L. Wu et Senjen
  (식물명: 녹각사, 綠殼砂)
  Amomum villosum Loureiro(식물명: 양춘사, 陽春砂)
- **과명** : 생강과(Zingiberaceae)
- **이용부위** : 열매

○ 중국 원난성 재배지에서 자라는 사인 지상부

| **재배지** | 동남아와 중국 남부에서 생산한다.

| **사인의 기원** | 한방에서 식물인 녹각사 또는 양춘사의 열매를 한약명으로 사인(砂仁)이라 부른다.

| **식품공전** | 한국 <식품공전>의 '식품에 제한적으로 사용할 수 있는 원료' 부분에 씨가 수재되어 있으므로 식용 가능하다.

| **방약합편** | <방약합편>의 방초(芳草, 향기 나는 한약) 편에 사인이 수재되어 있다.

| **한약의 냄새와 맛** | 이 약은 특유한 향기가 있고 맛은 맵고 청량감이 있으며 약간 쓰다.

○ 사인 잎   ○ 사인 꽃

○ 사인 열매

○ 사인 열매와 씨

동의보감에 수록된
사인(축사밀)

| **한방 약미(藥味)와 약성(藥性)** | 맛은 맵고 성질은 따뜻하다.

| **동의보감 효능** | 축사밀(縮砂蜜, 사인)은 모든 기병[氣]과 명치 아래와 배가 아프며 음식에 체하여 소화되지 않는 것과 설사와 적백이질을 낫게 한다. 비위(脾胃)를 덥게 하며 태동[胎]으로 통증을 멈추고 곽란을 낫게 한다. 모양은 백두구와 비슷한데 약간 검은 것은 익지인과 비슷하다. 약한 불에 고소하게 닦아 손으로 비벼 껍질을 버리고 속씨만 받아 짓찧어서 쓴다.

| **한방 효능** |

- 습(濕)을 말리고 위장(胃腸)의 기능을 좋게 한다.
- 비(脾)를 따뜻하게 하여 설사를 멎게 한다.
- 기(氣)를 통하게 하고 임신이 잘 유지되도록 한다.

❶❷ 약재로 쓰이는 사인 열매(건조)

| 약효 해설 |

- 복부팽만, 복통, 신경성 소화불량에 쓴다.
- 명치 아래와 배가 아프며 음식에 체하여 소화되지 않는 것과 설사와 적백이질을 낫게 한다.
- 곽란을 낫게 한다.

| 약용법 | 열매 3~6g을 물 800mL에 넣고 달여서 반으로 나누어 아침저녁으로 마신다.

2.19 삼릉

- **영어명** : sparganium rhizome
- **한약명** : 삼릉(三稜)
- **학명** : *Sparganium stoloniferum* Buchanan-Hamilton(식물명: 흑삼릉)
- **과명** : 흑삼릉과(Sparganiaceae)
- **이용부위** : 덩이줄기

○ 흑삼릉의 덩이줄기는 '삼릉'이라는 약재로 사용(절편 건조)

○ 삼릉

| **재배지** | 한국, 일본, 유럽, 북미에 분포한다.

| **식품공전** | 삼릉은 한국 <식품공전>의 '식품에 사용할 수 있는 원료', '식품에 제한적으로 사용할 수 있는 원료' 그리고 '식품에 사용할 수 없는 원료' 부분에 기재되어 있지 않다.

| **방약합편** | <방약합편>의 방초(芳草, 향기 나는 한약) 편에 삼릉이 수재되어 있다.

| **한약의 냄새와 맛** | 이 약은 냄새가 없고 맛은 담담하고 씹으면 마비시키는 아린 맛이 있다.

| **동의보감 효능** | 징가와 덩이진 것을 헤치고 부인의 혈적(血積)을 낫게 하며 유산을 시키고 월경을 잘 하게 하며 궂은 피[惡血]를 삭게[消] 한다. 몸 푼 뒤의 혈훈(血暈), 복통과 궂은 피가 내려가지 않는 데 쓰며 다쳐서 생긴 어혈을 삭게 한다.

| **한방 약미(藥味)와 약성(藥性)** | 맛은 맵고 쓰며 성질은 평(平)하다.

| **한방 효능** |
- 기(氣)를 소통시켜 통증을 멎게 한다.
- 어혈(瘀血)을 깨트리고 없애주는 효능이 있다.

| **약효 해설** |
- 소화가 안 되고 헛배가 부른 증상의 치료에 쓰인다.
- 건위작용을 한다.
- 항종양작용을 한다.
- 산후 어혈 복통, 타박상을 치료한다.

| **약용법** | 덩이줄기 5~10g을 물 800mL를 넣고 달여서 반으로 나누어 아침저녁으로 마신다.

동의보감에 수록된 삼릉

2.20 아선약

- **영어명** : gambir
- **한약명** : 아선약(阿仙藥)
- **기타 명칭** : 방아차(方兒茶)
- **학명** : *Uncaria gambir* Roxburgh (식물명: 아선약나무)
- **과명** : 꼭두서니과 (Rubiaceae)
- **이용부위** : 잎 및 어린가지에서 얻은 건조 수성엑스

○ 약재로 건조 가공된 아선약

| **재배지** | 산지는 인도, 스리랑카, 인도네시아, 말레이시아이다.

| **식품공전** | 아선약은 한국 <식품공전>의 '식품에 사용할 수 있는 원료', '식품에 제한적으로 사용할 수 있는 원료' 그리고 '식품에 사용할 수 없는 원료' 부분에 기재되어 있지 않다.

| **한약 냄새와 맛** | 이 약은 특유한 냄새가 있고 맛은 약간 매우면서 아리다.

| **한방 약미(藥味)와 약성(藥性)** | 맛은 쓰고 떫으며 성질은 서늘하다.

| **한방 효능** |
- 습(濕)의 기운을 거두어들이고 부스럼을 수렴시킨다.
- 지혈하고 통증을 없앤다.
- 사열(邪熱)이 폐에 쌓여 진액이 말라 생긴 열담(熱痰)을 치료하는 효능이 있다.

| **약효 해설** |
- 열을 제거하고 담을 삭인다.
- 지혈하고 소화를 촉진시킨다.
- 새살이 돋아나게 하고 통증을 진정시킨다.

| **약용법** | 건조 수성엑스 적당량을 바른다. 또는 1~3g을 천으로 싸서 물 800mL에 넣고 달여서 반으로 나누어 아침저녁으로 마시거나 환제, 산제로 만들어 복용한다.

2.21 안식향

- **영어명** : benzoin
- **한약명** : 안식향(安息香)
- **학명** : *Styrax benzoin*(식물명: 안식향나무)
  Styrax tonkinensis(식물명: 백화수, 白花樹)
- **과명** : 때죽나무과(Styracaceae)
- **이용부위** : 수지(樹脂, 나무에서 분비하는 점도가 높은 액체)

◎ 인도네시아에서 재배되고 있는 안식향나무(*Styrax benzoin*)

○ 중국에서 재배되고 있는 안식향나무 잎 생김새

동의보감에 수록된 안식향

| **재배지** | 베트남, 라오스, 태국, 중국에서 생산한다.

| **안식향의 기원** | 한방에서 식물인 안식향나무 또는 백화수의 수지를 한약명으로 안식향(安息香)이라 한다.

| **식품공전** | 안식향은 한국 <식품공전>의 '식품에 사용할 수 있는 원료', '식품에 제한적으로 사용할 수 있는 원료' 그리고 '식품에 사용할 수 없는 원료' 부분에 기재되어 있지 않다.

| **한약의 냄새와 맛** | 향기가 있고 맛은 매우면서 시원하다.

| **동의보감 효능** | 명치 밑에 있는 악기(惡氣)와 귀주(鬼疰), 사기나 헛것에 들려 귀태(鬼胎)가 된 것, 고독(蠱毒), 온역(溫疫, 급성 유행성 열병)을 낫게 하고 신기와 곽란, 월경이 중단된 것, 산후 혈훈 등을 낫게 한다. 이것은 태우면 좋은 냄새를 내면서 모든 악기를 없앤다.

○ 안식향나무(*Styrax benzoin*) 수피

○ 안식향나무(*Styrax benzoin*) 수지

○ 약재로 쓰이는 안식향나무의 수지

| **한방 약미(藥味)와 약성(藥性)** | 맛은 맵고 쓰며 성질은 따뜻하다.

| **한방 효능** |
- 구규(九竅)를 열어주고 정신을 깨우는 효능이 있다.
- 기혈의 순환을 촉진시키는 효능이 있다.

| **약효 해설** |
- 갑작스레 졸도하여 정신이 혼몽할 때에 기혈 순환을 촉진시키면서 치유한다.
- 중풍에 의한 인사불성, 심복 동통, 산후의 혈훈(血暈), 소아의 경간을 치료한다.
- 뇌혈관장애로 인한 기억 상실, 두통, 의지력 약화 등에 혈류 촉진과 신경손상 방어 효과가 있다.

| **약용법** | 수지 0.6~1.5g을 가루약이나 환제로 만들어 복용한다.

2.22 영릉향

- **한약명** : 영릉향(零陵香)
- **기타 명칭** : 훈초(薰草), 향초(香草), 영향초(靈香草)
- **학명** : *Lysimachia foenum-graeci* Hance (식물명: 영향풀, 靈香草)
- **과명** : 앵초과(Primulaceae)
- **이용부위** : 지상부

◐ 영향풀의 건조한 지상부, 영릉향

| 재배지 | 중국에서 재배한다.

| 식품공전 | 영릉향은 한국 <식품공전>의 '식품에 사용할 수 있는 원료', '식품에 제한적으로 사용할 수 있는 원료' 그리고 '식품에 사용할 수 없는 원료' 부분에 기재되어 있지 않다.

| 한약의 냄새와 맛 | 이 약은 강한 향기가 있으며 맛은 약간 달고 쓰다.

| 동의보감 효능 | 성질은 평(平)하고(따뜻하다고 한다) 맛은 달며(맵다고도 한다) 독이 없다. 악기(惡氣)와 시주[疰]로 명치 아래와 복통을 낫게 하며 몸에서 향기를 풍기게 한다.

| 한방 약미(藥味)와 약성(藥性) | 맛은 맵고 달며 성질은 평(平)하다.

| 한방 효능 |
- 풍사와 한사가 겹친 증후를 발산시키는 효능과 감기에 좋다.
- 지통(止痛) 효능이 있다.
- 기를 잘 돌게 하는 효능이 있다.

| 약효 해설 |
- 코막힘, 치통 치료에 효과가 있다.
- 흉복부 팽만 증상을 치료한다.
- 감기, 두통 치료에 좋다.
- 목 안이 붓고 아픈 증상을 치료한다.

| 약용법 | 지상부 9~15g을 물 800mL에 넣고 달여서 반으로 나누어 아침저녁으로 마신다.

○ 건조하여 약재로 쓰는 영향풀 지상부(영릉향)

동의보감에 수록된 영릉향

2.23 오약

- ❖ **영어명** : lindera root
- ❖ **한약명** : 오약(烏藥)
- ❖ **학명** : *Lindera strichnifolia* Fernandez-Villar(식물명: 오약)
- ❖ **과명** : 녹나무과(Lauraceae)
- ❖ **이용부위** : 뿌리

○ 오약나무의 잎과 가지

○ 오약나무의 잎 생김새 ○ 오약나무 수형

| 재배지 | 오약은 중국에서는 *Lindera aggregata*을 사용하며 중국 남부지역에 재배한다.

| 식품공전 | 오약은 한국 <식품공전>의 '식품에 사용할 수 있는 원료', '식품에 제한적으로 사용할 수 있는 원료' 그리고 '식품에 사용할 수 없는 원료' 부분에 기재되어 있지 않다.

| 한약의 냄새와 맛 | 이 약은 캄파향이 나고 맛은 약간 쓰고 매우며 청량감이 있다.

| 동의보감 효능 | 모든 기병과 냉병을 낫게 하며 중악으로 명치 아래가 아픈 것, 주오(疰忤)와 헛것에 들린 것을 낫게 하고 방광과 신의 냉기가 등심으로 치미는 것을 낫게 한다. 곽란과 반위, 구토, 설사, 이질, 옹종, 옴, 문둥병을 낫게 하고 오줌이 술술 자주 나가는 것, 부인의 혈, 기로 오는 통증 등을 낫게 하며 어린이 뱃속의 여러 가지 충을 죽인다.

동의보감에 수록된 오약

○ 약재로 쓰는 오약나무 뿌리(세절 건조)

| 한방 약미(藥味)와 약성(藥性) | 맛은 맵고 성질은 따뜻하다.

| 한방 효능 |

- 기(氣)를 소통시켜 통증을 멎게 하는 효능이 있다.
- 신기(腎氣)를 따뜻하게 하고 한기(寒氣)를 흩어준다.

| 약효 해설 |

- 흉복부가 답답하고 옆구리가 아픈 증상에 유효하다.
- 소변 횟수가 잦을 때 활용한다.

| 약용법 | 뿌리 5~10g을 물 800mL에 넣고 달여서 반으로 나누어 아침저녁으로 마신다.

2.24 용뇌

- **영어명** : borneol
- **한약명** : 용뇌(龍腦)
- **기타 명칭** : 빙편(氷片), 매화빙편(梅花氷片), 용뇌향(龍腦香)
- **학명** : *Dryobalanops aromatica* Gaertner (식물명: 용뇌향수, 龍腦香樹)
- **과명** : 용뇌향과(Dipterocarpaceae)
- **이용부위** : 수지(樹脂, 나무에서 분비하는 점도가 높은 액체)

○ 용뇌향나무에서 용뇌 수지가 나오고 있다.

❶❷ 용뇌향나무 수형

| **재배지** | 용뇌향나무는 남양군도(南洋群島, 미크로네시아) 및 인도네시아에서 재배하며, 유통되는 용뇌(빙편)는 주로 합성 빙편으로 알려져 있다.

| **식품공전** | 한국 <식품공전>의 '식품에 사용할 수 없는 원료' 부분에 수지, 가지, 수간이 수재되어 있으므로 식용할 수 없다.

| **한약의 냄새와 맛** | 향기가 있고 맛은 매우면서 시원하다.

| **동의보감 효능** | 용뇌향(龍腦香, 용뇌)의 성질은 약간 차며(따뜻하고 평하다고도 한다) 맛은 맵고 쓰

○ 용뇌향나무 수피의 상처 부분

며 독이 없다. 눈에 생긴 내장과 외장을 낫게 하며 눈을 밝게 하고 마음을 진정시킨다. 눈에 피지면서 예막이 생긴 것을 낫게 한다. 명치 밑에 있는 사기와 풍습, 적취를 없애며 삼충을 죽이고 다섯 가지 치질을 낫게 한다.

| 한방 약미(藥味)와 약성(藥性) | 맛은 맵고 쓰며 성질은 서늘하다.

| 한방 효능 |

- 구규(九竅)를 열어주고 정신을 깨우는 효능이 있다.
- 열을 식히고 그로 인한 통증을 가라앉히는 효능이 있다.
- 눈을 밝게 하고 눈자위를 가리는 눈병을 치료하는 효능이 있다.

| 약효 해설 |

- 부종을 내리고 통증을 없애는 효능이 있다.
- 열이 나고 정신이 혼미한 병증을 치료한다.
- 중이염, 치질을 치료한다.

| 약용법 | 수지는 환제나 산제로 만들어 사용하며 1회 용량은 0.15~0.3g이다. 적당량을 피부에 바르기도 한다. 일반적으로 탕제에 사용하지 않는다.

동의보감에 수록된 용뇌(용뇌향)

2.25 유향

- **영어명** : frankincense tree, olibanum tree
- **한약명** : 유향(乳香)
- **기타 명칭** : 명향(明香), arbre-à-encens(프랑스어), incenso(이태리어)
- **학명** : *Boswellia carterii* Birdwood(식물명: 유향나무)
- **과명** : 감람과(Burseraceae)
- **이용부위** : 수지(樹脂, 나무에서 분비하는 점도가 높은 액체)

◉ 아라비아 남동부에 있는 오만에서 자라는 유향나무

○ 유향나무에서 나오는 유향 수지

| **재배지** | 아프리카 남동부, 아라비아 남부지역이 원산지이며 소말리아, 홍해 연안, 리비아, 수단, 터키, 에티오피아에서 재배한다.

| **식품공전** | 한국 <식품공전>의 '식품에 사용할 수 없는 원료' 부분에 수지가 수재되어 있으므로 식용할 수 없다.

| **요리 및 이용** | 요리에는 사용되지 않으며 향(香)으로 활용한다.

| **한약의 냄새와 맛** | 방향성이고 맛은 약간 쓰며 점액성이다.

| **동의보감 효능** | 풍수와 독종을 치료하며 나쁜 기운을 없애고 명치 아래가 아픈 것과 주기(疰氣) 등을 낮게 한다. 귀머거리, 중풍으로 이를 악무는 것, 부인의 혈기증(血氣證)을 낮게 하며 여러 가지 헌데를 속으로 삭게 하고 설사와 이질을 멎게 한다.

| **한방 약미(藥味)와 약성(藥性)** | 맛은 맵고 쓰며 성질은 따뜻하다.

동의보감에 수록된 유향

○ 약재로 쓰이는 유향나무 수지(건조 가공)

| 한방 효능 |

- 혈(血)의 운행을 활발히 하여 통증을 없애준다.
- 옹저(癰疽)나 상처가 부은 것을 삭아 없어지게 하고 헌데가 생긴 부위에서 새살이 돋아나게 하는 효능이 있다.

| 약효 해설 |

- 무월경, 산후 어혈통, 복부 통증을 완화시킨다.
- 류머티즘 관절염을 치료한다.
- 진통, 소염약으로 월경통, 타박상에 쓴다.

| 약용법 | 수지 3~5g을 물 800mL에 넣고 달여서 반으로 나누어 아침저녁으로 마시거나 또는 환제, 산제로 만들어 먹는다. 적당량을 가루로 만들어 피부에 외용한다.

2.26 익지

- **영어명** : bitter cardamon
- **한약명** : 익지(益智)
- **학명** : *Alpinia oxyphylla* Miquel (식물명: 익지)
- **과명** : 생강과(Zingiberaceae)
- **이용부위** : 열매

◉ 익지의 지상부

○ 익지 잎과 줄기

○ 익지 열매

○ 익지 열매 생김새

| **재배지** | 중국에서 재배한다.

| **식품공전** | 한국 <식품공전>의 '식품에 제한적으로 사용할 수 있는 원료' 부분에 열매가 수재되어 있으므로 식용할 수 있다.

| **방약합편** | <방약합편>의 방초(芳草, 향기 나는 한약) 편에 익지가 수재되어 있다.

| **한약의 냄새와 맛** | 이 약은 특유한 냄새가 있고 맛은 약간 쓰다.

| **동의보감 효능** | 익지자(益智子, 익지)는 유정(遺精)을 낫게 하고 오줌 횟수를 줄인다. 침을 흘리지 않게 하며 기운을 돕고 정신을 안정시키며 모든 기를 고르게 한다. 오랫동안 먹으면 머리가 좋아지기 때문에 익지라 한 것이다. 군화[君火, 심화(心火)를 말함]와 상화[相火, 간, 담, 신 삼초의 화(火)를 말함]로 병이 생긴 것을 낫게 하고 수, 족태음경과 족소음경에 들어가는데 본래 비경(脾經)의 약이다. 비위에 한사가 들어 있는 것을 낫게 한다.

동의보감에 수록된 익지(익지자)

향기 나는 한약 _ 익지 **399**

❶❷ 약재로 쓰이는 익지의 열매(건조)

| 한방 약미(藥味)와 약성(藥性) | 맛은 맵고 성질은 따뜻하다.

| 한방 효능 |

- 신(腎)을 따뜻하게 한다.
- 정(精)을 밖으로 새지 않도록 한다.
- 소변이 너무 잦을 때 하초의 기운을 공고히 하여 이를 다스린다.

| 약효 해설 |

- 방향성 고미건위약으로서 소화불량, 식욕부진에 사용하고, 정장약으로 쓴다.
- 몽정, 소변여력, 야간다뇨를 치료한다.
- 건위, 항염증, 항종양의 약리작용이 있다.
- 유정(遺精)을 낫게 하고 오줌 횟수를 줄인다.
- 침을 흘리지 않게 하며 기운을 돕고 정신을 안정시키며 모든 기를 고르게 한다.

| 약용법 | 열매 3~10g을 물 800mL에 넣고 달여서 반으로 나누어 아침저녁으로 마신다.

자단향

- **영어명**: red sandal wood
- **한약명**: 자단향(紫檀香)
- **기타 명칭**: 자단(紫檀)
- **학명**: *Pterocarpus santalinus* L.(식물명: 자단)
- **과명**: 콩과(Fabaceae, Leguminosae)
- **이용부위**: 나무줄기의 심재(목재 안쪽의 빛깔이 짙은 부분)

○ 인도자단(*Pterocarpus indicus*)의 잎과 줄기

○ 인도자단(*Pterocarpus indicus*)의 잎 생김새

| 재배지 | 인도가 원산지이며 인도와 동남아시아에서 재배한다.

| 인도자단 | 자단향은 자단(*Pterocarpus santalinus*)의 나무줄기 심재이다. 이 식물은 동남아 지역과 중국 남부지역에서 찾을 수 없었으며 대신 인도자단(*Pterocarpus indicus*) 식물을 인도네시아 보고르식물원에서 확인하여 사진을 수록한다.

| 식품공전 | 자단향은 한국 <식품공전>의 '식품에 사용할 수 있는 원료', '식품에 제한적으로 사용할 수 있는 원료', '식품에 사용할 수 없는 원료' 부분에 기재되어 있지 않다.

| 한약의 냄새와 맛 | 이 약은 특유한 향기가 있고 맛은 없다.

| 요리 및 이용 | 요리로 이용하지 않고 향(香)으로 활용된다.

| 동의보감 효능 | 약독, 풍독, 곽란, 명치 아래가 아픈 것, 중악, 헛것에 들린 것 등을 낫게 한다.

동의보감에 수록된 자단향

紫檀香 惡氣 一名紫真檀 韓〇我國江原道多有之 性溫 味辛 無毒 主惡氣 風毒 霍亂 心腹痛 中惡 鬼痒

○ 인도네시아에서 유통 중인 자단향

| 한방 약미(藥味)와 약성(藥性) | 맛은 짜고 성질은 평(平)하다.

| 한방 효능 |

- 어혈을 제거하고 영기(營氣, 경맥을 통해 운행되는 정기)가 부족하거나 한쪽으로 몰린 것을 고르게 하는 효능이 있다.
- 지혈하고 통증을 없애는 효능이 있다.

| 약효 해설 |

- 부기를 가라앉히는 효능이 있다.
- 곽란, 종통(腫痛)에 쓴다.

| 약용법 | 나무줄기 3~6g을 800mL에 넣고 달여서, 반으로 나누어 아침저녁으로 마시거나 환제, 산제로 하여 복용한다. 또는 자단향 나무줄기를 가루 내어 바른다.

작약

- **영어명** : peony root
- **한약명** : 작약(芍藥)
- **학명** : *Paeonia lactiflora* Pallas (식물명: 작약)
- **과명** : 작약과(Paeoniaceae)
- **이용부위** : 뿌리

○ 작약 꽃

○ 작약 잎

○ 작약 뿌리

| 재배지 | 한국, 중국, 일본, 동시베리아 지역에 분포한다.

| 백작약과 적작약 | 우리나라 한약 공정서인 <대한민국약전>에는 백작약과 적작약의 구분 없이 작약으로만 기재되어 있다. <중국약전>에는 백작약(Paeoniae Radix Alba)과 적작약(Paeoniae Radix Rubra)으로 나뉘어져 있다.

| 식품공전 | 한국 <식품공전>의 '식품에 제한적으로 사용할 수 있는 원료' 부분에 뿌리가 수재되어 있으므로 식용할 수 있다.

| 방약합편 | <방약합편>의 방초(芳草, 향기 나는 한약) 편에 백작약과 적작약으로 구분되어 수재되어 있다.

| 한약의 냄새와 맛 | 이 약은 특유한 냄새가 있고 맛은 처음에는 조금 달고 후에 떫으며 약간 쓰다.

| 동의보감 효능 | 혈비(血痺)를 낫게 하고 혈맥을 잘 통하게 하며 속을 완화시키고 굳은 피를 헤치며[散惡血] 옹

동의보감에 수록된 작약

○ 작약 흰색 꽃

○ 작약 꽃과 잎

○ 작약 재배밭

○ 약재로 쓰이는 작약 뿌리(세절 건조)

종(腫腫)을 삭게 한다. 복통(腹痛)을 멈추고 어혈을 삭게[消] 하며 고름을 없어지게 한다. 여자의 모든 병과 산전산후의 여러 가지 병에 쓰며 월경을 통하게 한다. 장풍(腸風)으로 피를 쏟는 것, 치루(痔瘻), 등창[發背], 짓무른 헌데, 눈이 충혈되고 군살이 살아나는[目赤努肉] 데 쓰며 눈을 밝게 한다. 일명 해창(解倉)이라고도 하는데 두 가지 종류가 있다. 적작약은 오줌을 잘 나가게 하고 기를 내리며 백작약은 아픈 것을 멈추고 어혈을 헤친다. 또한 백작약은 보(補)하고 적작약은 사(瀉)한다고도 한다.

| **한방 약미(藥味)와 약성(藥性)** | 맛은 쓰고 시며 성질은 약간 차다.

| **한방 효능** |

- 혈(血)을 길러주고 음(陰)을 모아준다.
- 간의 양기가 지나친 것을 억제시킨다.

| **약효 해설** |

- 생리불순에 좋다.
- 산전산후의 여러 증상에 활용한다.
- 진경, 진정작용이 있다.

| **약용법** | 뿌리 6~15g을 물 800mL를 넣고 달여서 반으로 나누어 아침저녁으로 마신다.

2.29 창출

- **영어명** : atractylodes rhizome
- **한약명** : 창출(蒼朮)
- **학명** : *Atractylodes lancea* De Candlle(식물명: 모창출)
  Atractylodes chinensis Koidzumi(식물명: 북창출)
- **과명** : 국화과(Asteraceae, Compositae)
- **이용부위** : 뿌리줄기

◎ 모창출(*Atractylodes lancea*) 잎. 뿌리줄기가 약재로 쓰이는 '창출'이다.

○ 모창출(*Atractylodes lancea*) 잎과 줄기

| 재배지 | 모창출과 북창출은 우리나라와 중국 북부지역에 분포한다.

| 창출의 기원 | 한방에서 식물인 모창출 또는 북창출의 뿌리줄기를 한약명으로 창출(蒼朮)이라 한다.

| 식품공전 | 한국 <식품공전>의 '식품에 제한적으로 사용할 수 있는 원료' 부분에 모창출(*Atractylodes lancea*)의 뿌리줄기가 수재되어 있으므로 식용할 수 있다.

| 한약의 냄새와 맛 | 이 약은 특유한 냄새가 있고 맛은 약간 쓰다.

| 동의보감 효능 | 창출(蒼朮)의 성질은 따뜻하며[溫] 맛이 쓰고[苦] 매우며[辛] 독이 없다. 윗도리, 중간, 아랫도리의 습을 치료하며 속을 시원하게 하고 땀이 나게 하며 고여 있는 담음(痰飮), 현벽(痃癖), 기괴(氣塊), 산람장기(山嵐瘴氣) 등을 헤치며 풍, 한, 습으로 생긴 비증(痺證)과 곽란으로 토하고 설사하는 것이 멎지 않

동의보감에 수록된 창출

❶❷ 북창출(*Atractylodes chinensis*)의 꽃

○ 모창출(*Atractylodes lancea*)의 열매　　　　○ 북창출(*Atractylodes chinensis*)의 열매

❶❷ 약재로 쓰이는 창출 뿌리줄기(세절 건조)

는 것을 낫게 하며 수종과 창만(脹滿)을 없앤다. 삽주는 웅장하여 올라가는 힘이 세고 습을 잘 없애며 비를 안정시킨다.

| **한방 약미(藥味)와 약성(藥性)** | 맛은 맵고 쓰며 성질은 따뜻하다.

| **한방 효능** |

- 습사를 없애고 약해진 비(脾)의 기능을 강하게 한다.
- 풍(風)을 제거하고 한(寒)을 흩어지게 하는 효능이 있다.
- 눈을 밝게 해준다.

| **약효 해설** |

- 류머티즘 관절염 치료에 효과가 있다.
- 식욕부진 치료에 좋다.
- 밤눈이 어두운 증상에 유효하다.

| **약용법** | 뿌리줄기 3~9g을 물 800mL를 넣고 달여서 반으로 나누어 아침저녁으로 마신다.

2.30 천궁

- **영어명** : cnidium rhizome
- **한약명** : 천궁(川芎)
- **기타 명칭** : 궁궁(芎藭)
- **학명** : *Cnidium officinale* Makino(식물명: 천궁)
  Ligusticum chuanxiong Hort.(식물명: 중국천궁, 中國川芎)
- **과명** : 산형과(Apiaceae, Umbelliferae)
- **이용부위** : 뿌리줄기

○ 천궁(*Cnidium officinale*) 잎

| 재배지 | 한국, 중국, 일본에서 재배한다.

| 천궁의 기원 | 한방에서 식물인 천궁 또는 중국천궁의 뿌리줄기를 한약명으로 천궁(川芎)으로 부른다.

| 식품공전 | 한국 <식품공전>의 '식품에 제한적으로 사용할 수 있는 원료' 부분에 뿌리줄기가 수재되어 있으므로 식용할 수 있다.

| 방약합편 | <방약합편>의 방초(芳草, 향기 나는 한약) 편에 천궁이 수재되어 있다.

| 한약의 냄새와 맛 | 이 약은 특유한 냄새가 있고 맛은 약간 쓰다.

| 동의보감 효능 | 궁궁(芎藭, 천궁)의 성질은 따뜻하고 맛이 매우며 독이 없다. 모든 풍병, 기병, 노손(勞損), 혈병 등을 치료한다. 오래된 어혈을 헤치며 피를 생겨나게 하고 피를 토하는 것, 코피, 피오줌, 피똥 등을 멎게 한다. 풍한사가 뇌에 들어가 머리가 아프고 눈물이 나는 것을 낫게 하며 명치 밑과 옆구리가 냉으로 아픈 것을 치료한다.

| 한방 약미(藥味)와 약성(藥性) | 맛은 맵고 성질은 따뜻하다.

| 한방 효능 |
- 피의 순환을 촉진하고 기를 잘 돌게 한다.
- 풍(風)을 제거하고 통증을 멈추는 효능이 있다.

| 약효 해설 |
- 사지와 전신 동통을 치료한다.
- 산전산후에 활용한다.
- 진경, 진정작용이 있다.
- 혈압강하작용이 있다.

| 약용법 | 뿌리줄기 3~10g을 물 800mL를 넣고 달여서 반으로 나누어 아침저녁으로 마신다.

동의보감에 수록된
천궁(궁궁)

○ 천궁 생뿌리

○ 일본산 천궁의 뿌리줄기(건조)

○ 약재로 쓰이는 천궁 뿌리(세절 건조)

2.31 초과

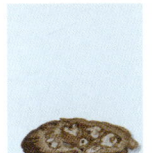

- **영어명** : amomum tsao-ko fruit
- **한약명** : 초과(草果)
- **학명** : *Amomum tsao-ko* Crevost et Lemaire (식물명: 초과)
- **과명** : 생강과(Zingiberaceae)
- **이용부위** : 열매

◉ 초과는 열매를 약재로 쓴다.

◯ 초과 지상부

◯ 초과 열매

◯ 채취하여 건조한 초과 열매

| 재배지 | 베트남, 중국 남부, 인도에서 재배한다.

| 식품공전 | 초과는 한국 <식품공전>의 '식품에 사용할 수 있는 원료', '식품에 제한적으로 사용할 수 있는 원료', '식품에 사용할 수 없는 원료' 부분에 기재되어 있지 않다.

| 방약합편 | <방약합편>의 방초(芳草, 향기 나는 한약) 편에 초과가 수재되어 있다.

| 한약의 냄새와 맛 | 이 약은 특유한 향기가 있고 맛은 맵고 약간 쓰다.

| 동의보감 효능 | 모든 냉기를 없애며 비위를 따뜻하게 하고 구토를 멈추며 배가 팽팽하게 부른 것을 가라앉히고 학모(瘧母, 학질을 오래 앓아 옆구리 아래에 어혈이 생김)를 낫게 하며 체한 것을

❶❷ 약재로 쓰이는 초과 열매(단면)

내리게 한다. 술독과 과일을 먹고 적(積)이 된 것을 없애며 겸해 산람장기를 물리치고 온역(溫疫, 급성 유행성 열병)을 낫게 한다.

| 한방 약미(藥味)와 약성(藥性) | 맛은 맵고 성질은 따뜻하다.

| 한방 효능 |

- 습진 것을 말리고 중초(中焦)를 따뜻하게 해준다.
- 담(痰)을 제거하고 학질(瘧疾)을 다스린다.

| 약효 해설 |

- 냄새 나는 성분이 위의 운동이나 위액의 분비를 항진시켜 소화, 흡수를 촉진하는 효능이 있으므로 방향성 건위제(芳香性 健胃劑)로 사용한다.
- 습(濕)과 한(寒)을 제거하고 담(痰)을 삭이며 학질을 막고 소화를 돕는다.
- 복부팽만감, 구토, 이완성 설사, 말라리아에 쓴다.
- 반위(反胃), 구토, 설사, 식적(食積, 음식이 소화되지 않고 오랫동안 정체됨으로써 형성된 적증)을 치료한다.

| 약용법 | 열매 3~6g을 물 800mL에 넣고 달여서 반으로 나누어 아침저녁으로 마신다.

동의보감에 수록된 초과

2.32 초두구

- **영어명** : alpina katsumadai seed
- **한약명** : 초두구(草豆蔲)
- **학명** : *Alpinia katsumadai* Hayata (식물명: 초두구)
- **과명** : 생강과(Zingiberaceae)
- **이용부위** : 씨

○ 초두구 지상부

○ 초두구 잎과 꽃 생김새

| 재배지 | 　중국 남부지역에 분포한다.

| 식품공전 | 　초두구는 한국 <식품공전>의 '식품에 사용할 수 있는 원료', '식품에 제한적으로 사용할 수 있는 원료' 그리고 '식품에 사용할 수 없는 원료' 부분에 기재되어 있지 않다.

| 방약합편 | 　<방약합편>의 방초(芳草, 향기 나는 한약) 편에 초두구가 수재되어 있다.

| 한약의 냄새와 맛 | 　이 약은 특유한 냄새가 있고 맛은 맵고 약간 쓰다.

| 동의보감 효능 | 　모든 냉기를 낫게 하고 속을 따뜻이 하며 기를 내리고 가슴앓이와 곽란으로 토하는 것을 멎게 하며 입안의 냄새를 없앤다. 용안 씨(龍眼子)와 비슷한데 뾰족하며 껍질에 비늘이 없다. 속의 씨는 석류 쪽과 비슷한데 맛이 몹시 매운 것이 좋은 품종이다.

동의보감에 수록된 초두구

향기 나는 한약_초두구

○ 초두구 꽃대

○ 초두구 열매

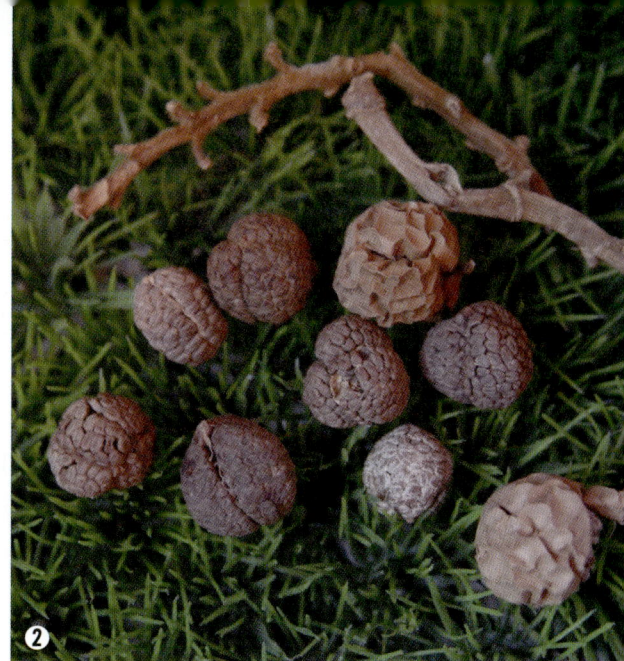

❶❷ 초두구. 과피를 제거한 성숙한 씨를 약재로 사용

| 한방 약미(藥味)와 약성(藥性) | 맛은 맵고 성질은 따뜻하다.

| 한방 효능 |

- 기를 잘 통하게 하고 습한 것을 말려준다.
- 중초(中焦, 위 주위)를 따뜻하게 하고 구토를 가라앉힌다.

| 약효 해설 |

- 소화불량, 위장의 통증, 구토에 쓴다.
- 위가 막힌 증상, 담음적체를 치료한다.
- 모든 냉기를 낫게 하고 속을 따뜻하게 하며 기를 내리고 가슴앓이와 곽란으로 토하는 것을 멎게 하며 입안의 냄새를 없앤다.

| 약용법 | 씨 3~6g을 물 800mL에 넣고 달여서 반으로 나누어 아침저녁으로 마신다.

침향

- **영어명** : aloeo wood
- **한약명** : 침향(沈香)
- **기타 명칭** : 침수향(沈水香)
- **학명** : *Aquilaria agallocha* Roxburgh(식물명: 침향나무)
- **과명** : 팥꽃나무과(Thymeleaceae)
- **이용부위** : 수지(樹脂, 나무에서 분비하는 점도가 높은 액체)가 침착된 수간목

◎ 베트남의 침향 재배지

| **재배지** | 인도네시아, 베트남, 말레이시아, 인도, 캄보디아에서 재배하며, 중국 산지는 광시(廣西)좡족자치구이다.

| **침향이란?** | 침향은 나무 조각 같지만 나무에 난 상처를 치유하기 위해 상처 부위에 모인 수지(樹脂)가 수년에서 수천 년에 걸쳐 응결된 덩어리이다.

중국에는 백목향인 *Aquilaria sinensis*, 베트남에서는 *Aquilaria crassna*, 인도네시아에서는 *Aquilaria malaccensis*를 대표적으로 쓰고 있다.

| **식품공전** | 한국 <식품공전>의 '식품에 제한적으로 사용할 수 있는 원료' 부분에 수지가 침착된 수간목이 수재되어 있으므로 식용할 수 있다.

| **요리 및 이용** | 향(香)으로 활용하며 최근부터 제한적으로 식품에 사용 가능하게 되었다.

| **한약의 냄새와 맛** | 이 약은 태우면 특유한 향기가 있고 맛은 쓰다.

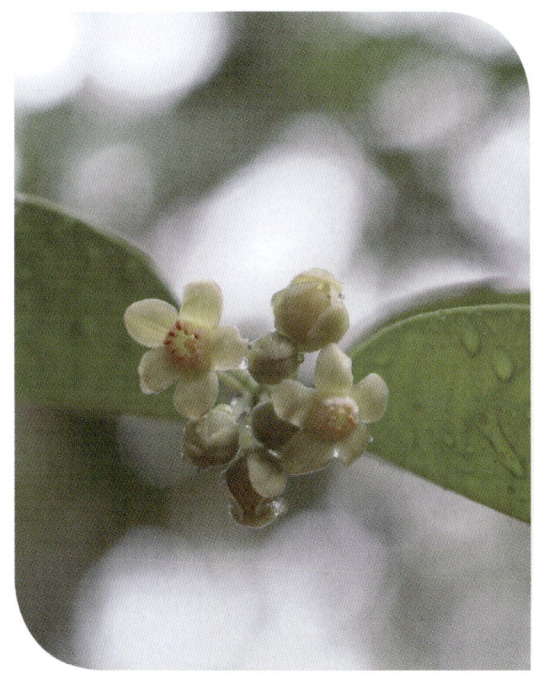

○ 백목향(*Aquilaria sinensis*) 꽃 생김새

○ 중국에서 침향으로 쓰는 백목향의 열매

○ 백목향(*Aquilaria sinensis*) 나무. 이 나무에서 나오는 수지를 중국에서는 '침향'으로 사용한다.

○ 베트남 상점에 진열된 침향

○ 인도네시아의 침향

| **동의보감 효능** | 풍수(風水)나 독종을 낫게 하며 나쁜 기운을 없애고 명치끝이 아픈 것을 멎게 한다. 신정을 돕고 성기능을 높이며 냉풍으로 마비된 것, 곽란으로 토하고 설사하거나 쥐가 이는 것을 낫게 한다. 침향은 여러 가지 기를 돕는데, 위로는 머리끝까지 가고 아래로는 발밑까지 가므로 사약[使]으로 쓰인다.

| **한방 약미(藥味)와 약성(藥性)** | 맛은 맵고 쓰며 성질은 따뜻하다.

| **한방 효능** |
- 기(氣)를 소통시켜 통증을 멎게 한다.
- 중초(中焦, 위 부근의 부위)를 따뜻하게 하고 기가 치솟은 것을 내리는 효능이 있다.

| **약효 해설** |
- 소화불량, 식욕부진, 수족냉증에 좋은 효과를 나타낸다.
- 정력 부족과 조루에도 효과가 있다.
- 진정, 해독, 건위약으로 히스테리, 기체, 천식 등에 쓴다.

| **약용법** | 수지가 침착된 수간목 2~5g을 달여서 복용하거나 환제, 산제로 해서 쓴다.

○ 침향나무(*Aquilaria malacensis*)

동의보감에 수록된 침향

택란

- **영어명** : lycopus herb
- **한약명** : 택란(澤蘭)
- **학명** : *Lycopus lucidus* **Turczaininov**(식물명: 쉽싸리)
- **과명** : 꿀풀과(Lamiaceae, Labiatae)
- **이용부위** : 지상부

◉ 쉽싸리 잎과 줄기. 이 식물의 지상부가 약재로 쓰이는 '택란'이다.

○ 쉽싸리 잎

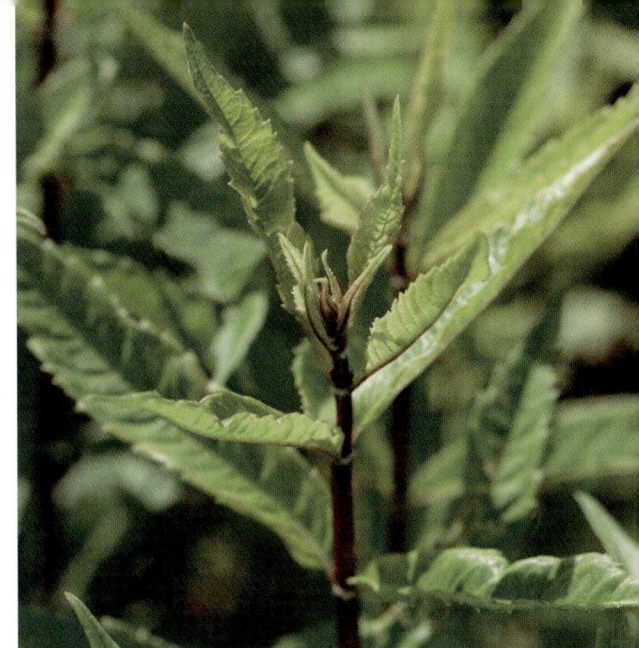
○ 쉽싸리 잎 생김새

| 재배지 | 한국, 중국, 일본 그리고 북미 지역에 분포한다.

| 식품공전 | 한국 <식품공전>의 '식품에 사용할 수 있는 원료' 부분에 지상부가 수재되어 있으므로 식용할 수 있다.

| 방약합편 | <방약합편>의 방초(芳草, 향기 나는 한약) 편에 택란이 수재되어 있다.

| 한약의 냄새와 맛 | 이 약은 냄새가 없고 맛은 담담하다.

| 동의보감 효능 | 산전산후(産前産後)의 여러 가지 병과 몸푼 뒤 복통과 아이를 자주 낳아서 혈기가 쇠약하고 차서 허로병이 생겨 바짝 여원 것, 쇠붙이에 다친 것, 옹종을 낫게 하며 타박상으로 생긴 어혈을 삭게 한다.

| 한방 약미(藥味)와 약성(藥性) | 맛은 쓰고 매우며 성질은 약간 따뜻하다.

| 한방 효능 |
- 혈(血)의 운행을 활발히 하고 어혈(瘀血)을 없앤다.

동의보감에 수록된 택란

○ '택란'이라는 약재로 쓰이는 쉽싸리 지상부(건조)

- 해독하고 상처가 부은 것을 없어지게 한다.
- 수기(水氣)를 소통시켜 부스럼이나 종창(腫瘡)을 제거한다.

| 약효 해설 |

- 생리통, 산후 복통에 유효하다.
- 타박상, 전신 부종을 치료한다.

| 약용법 | 지상부 6~12g을 물 800mL를 넣고 달여서 반으로 나누어 아침저녁으로 마신다.

2.35 향부자

* **영어명** : cyperus rhizome, coco-grass, Java grass, nut grass
* **한약명** : 향부자(香附子)
* **기타 명칭** : 사초근(莎草根)
* **학명** : *Cyperus rotundus* Linné(식물명: 향부자)
* **과명** : 사초과(Cyperaceae)
* **이용부위** : 뿌리줄기

○ 건조시켜 약재로 쓰는 향부자 뿌리줄기

○ 향부자

| 재배지 | 한국, 중국, 일본 그리고 열대, 아열대 지역에 분포한다.

| 식품공전 | 한국 <식품공전>의 '식품에 사용할 수 없는 원료' 부분에 뿌리줄기가 수재되어 있으므로 식용할 수 없다.

| 방약합편 | <방약합편>의 방초(芳草, 향기 나는 한약) 편에 향부자가 수재되어 있다.

| 한약의 냄새와 맛 | 이 약은 특유한 냄새와 맛이 있다.

| 동의보감 효능 | 사초근(莎草根, 향부자)은 기를 세게 내리고 가슴 속의 열을 없앤다. 오래 먹으면 기를 보하고 기분을 좋게 하며 속이 답답한 것을 풀어준다. 통증을 멈추며 월경을 고르게 하고 오랜 식체를 삭게 한다. 사초의 뿌리에 달린 대추씨 같은 것을 향부자라 하고, 또한 작두향(雀頭香)이라고 한다.

동의보감에 수록된
향부자(사초근)

| 한방 약미(藥味)와 약성(藥性) | 맛은 맵고 약간 쓰고 약간 달고 성질은 평(平)하다.

| 한방 효능 |
- 간기(肝氣)가 정체된 것을 고르게 하고 막힌 것을 푼다.
- 기를 다스려 속을 편안하게 한다.
- 월경(月經)을 조화롭게 하며 통증을 그치게 한다.

| 약효 해설 |
- 위통, 복통의 경감작용이 있다.
- 항염증작용이 있다.
- 생리통, 산후 복통의 통증을 완화시킨다.

| 약용법 | 뿌리줄기 6~10g을 물 800mL를 넣고 달여서 반으로 나누어 아침저녁으로 마신다.

향유

- **한약명** : 향유(香薷)
- **학명** : *Elsholtzia ciliata* Hylander(식물명: 향유)
- **과명** : 꿀풀과(Lamiaceae, Labiatae)
- **이용부위** : 지상부

○ 꽃향유(*Elscholztia splendens*) 잎

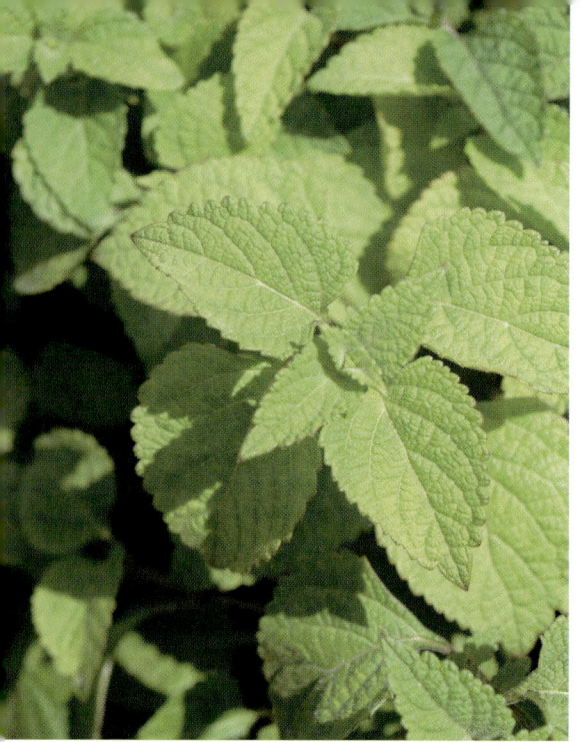
○ 꽃향유(*Elscholztia splendens*) 잎 생김새

○ 꽃향유(*Elscholztia splendens*) 잎과 줄기

○ 꽃향유(*Elscholztia splendens*) 가을 꽃

○ 꽃향유(*Elscholztia splendens*) 지상부

❶❷ 꽃을 포함한 지상부를 건조하여 약재로 쓰는 향유

| 재배지 | 한국, 중국, 일본, 몽골 그리고 유럽에 분포한다.

| 식품공전 | 한국 <식품공전>의 '식품에 사용할 수 있는 원료' 부분에 어린순, 어린잎이 수재되어 있으므로 식용할 수 있다.

| 방약합편 | <방약합편>의 방초(芳草, 향기 나는 한약) 편에 향유가 수재되어 있다.

| 한약의 냄새와 맛 | 이 약은 특이한 방향이 있고 맛은 시원하고 맵다.

| 동의보감 효능 | 곽란으로 배가 아프고 토하며 설사하는 것을 치료한다. 수종을 내리게 하고 더위 먹은 것과 습증을 없앤다. 위기(胃氣)를 덥히고 번열(煩熱)을 없앤다.

| 한방 약미(藥味)와 약성(藥性) | 맛은 맵고 성질은 약간 따뜻하다.

| 한방 효능 |

- 땀을 내게 하고 풍한(風寒, 감기 또는 고뿔)을 발산시킨다.
- 습(濕)을 말리고 이뇨시킨다.

| 약효 해설 |

- 여름 감기로 열이 나는 증상에 유효하다.
- 항염증작용이 있다.
- 소변불리에 유효하다.

| 약용법 | 지상부 9~15g을 물 800mL를 넣고 달여서 반으로 나누어 아침저녁으로 마신다.

동의보감에 수록된 향유

2.37 형개

- **영어명** : schizonepeta spike
- **한약명** : 형개(荊芥)
- **학명** : *Schizonepeta tenuifolia* Briquet(식물명: 형개)
- **과명** : 꿀풀과(Lamiaceae, Labiatae)
- **이용부위** : 꽃이삭

○ 형개의 지상부. 꽃이삭을 '형개'라는 약재로 사용한다.

○ 형개 꽃과 잎

| **재배지** | 한국, 중국에 분포한다.

| **식품공전** | 한국 <식품공전>의 '식품에 사용할 수 있는 원료' 부분에 꽃대가 수재되어 있으므로 식용할 수 있다.

| **방약합편** | <방약합편>의 방초(芳草, 향기 나는 한약) 편에 형개가 수재되어 있다.

| **한약의 냄새와 맛** | 이 약은 특유한 냄새가 있고 입 속에 넣으면 약간 시원한 느낌이 있다.

| **동의보감 효능** | 악풍(惡風), 적풍(賊風), 온몸에 감각이 없는 것, 상한으로 머리가 아프고 힘줄과 뼈가 달면서 아픈 것과 혈로(血勞), 풍기(風氣)를 치료하며 나력(瘰癧)과 창양(瘡瘍)을 낫게 한다.

| **한방 약미(藥味)와 약성(藥性)** | 맛은 맵고 성질은 약간 따뜻하다.

동의보감에 수록된 형개

❶❷ 형개의 꽃 생김새

○ 형개의 잎과 줄기

○ 꽃이삭을 건조하여 약재로 쓰는 형개(세절 건조)

| 한방 효능 |

- 풍한(風寒, 감기 또는 고뿔)을 발산시키고 풍(風)을 제거하는 효능이 있다.

| 약효 해설 |

- 발한, 해열작용이 있다.
- 지혈작용이 있다.
- 피부 가려움증에 유효하다.

| 약용법 | 꽃이삭 5~10g을 물 800mL를 넣고 달여서 반으로 나누어 아침저녁으로 마신다.

2.38 후박

- **영어명** : magnolia bark
- **한약명** : 후박(厚朴)
- **학명** : *Magnolia ovobata* Thunberg(식물명: 일본목련)

  Magnolia officinalis Rehder et Wilson(식물명: 후박)

  Magnolia officinalis Rehder et Wilson var. *biloba* Rehder et Wilson

  (식물명: 요엽후박, 凹葉厚朴)
- **과명** : 목련과(Magnoliaceae)
- **이용부위** : 줄기껍질

○ 요엽후박나무(*Magnolia officinalis* var. *biloba*)의 잎과 가지

○ 후박나무(*Magnolia officinalis*)의 잎

○ 일본목련나무(*Magnolia obovata*)의 꽃

| 재배지 | 일본목련은 우리나라 및 중국, 일본에 분포한다.

| 후박의 기원 | 한방에서 식물인 일본목련, 후박 또는 요엽후박의 줄기껍질을 한약명으로 후박(厚朴)이라 한다.

| 후박나무 | 전남 진도와 여수 오동도에는 후박나무(*Machilus thunbergii*)가 대량 자라고 있다. 이 나무는 한글 식물이름이 후박나무이지 한약으로 쓰는 후박(厚朴)과는 전혀 다른 식물이다. 한때 이 나무 껍질을 베어내어 한약 후박으로 잘못 공급한 적도 있다. 한약으로 사용하는 후박은 과명(科名)이 목련과로서 낙엽성이지만 후박나무는 상록성인 녹나무과로서 다르다.

| 식품공전 | 후박은 한국 <식품공전>의 '식품에 사용할 수 있는 원료', '식품에 제한적으로 사용할 수 있는 원료', '식품에 사용할 수 없는 원료' 부분에 기재되어 있지 않다.

| 한약의 냄새와 맛 | 이 약은 냄새가 약간 있고 맛은 쓰다.

| 동의보감 효능 | 성질은 따뜻하며 맛이 쓰고[맵다고도 한다] 독이 없다. 여러 해 된 냉기, 배가 창만하고 끓으면서 소리가 나는 것, 식체가 소화되지 않는 것을 낫게 하며 위기를 몹시 덥게 한다. 곽란으로 토하고 설

동의보감에 수록된 후박

향기 나는 한약_후박

○ 일본목련나무(*Magnolia obovata*)의 잎

사하며 쥐가 이는 것을 낫게 하고 담을 삭이며 기를 내리고 장위의 기능을 좋게 한다. 또는 설사와 이질, 구역을 낫게 하고 삼충을 죽이며 오장에 몰려 있는 모든 기를 내보낸다. 살이 두껍고 자줏빛이면서 윤기가 나는 것이 좋고, 엷고 흰 것은 쓰지 못한다. 두툴두툴한 겉껍질을 깎아 버리고 생강즙에 축여서 볶아 쓴다. 생강으로 법제하지 않으면 목구멍과 혀를 자극한다.

| **한방 약미(藥味)와 약성(藥性)** | 맛은 쓰고 매우며 성질은 따뜻하다.

❶❷ 약재로 쓰이는 후박피(줄기껍질 건조)

○ 한때 약재로 잘못 사용되어진 후박나무(*Machilus thunbergii*) 잎

| 한방 효능 |

- 습(濕)을 말리고 담(痰)을 줄여주는 효능이 있다.
- 기운을 아래로 내리며 배가 부르고 속이 그득한 상태를 없애준다.

| 약효 해설 |

- 복부창만, 소화불량에 효과가 있다.
- 위 주위를 따뜻하게 하고 기가 위로 치밀어 오르는 것을 내린다.
- 복부가 차서 일어나는 설사에 유효하다.
- 진해, 진경작용이 있다.

| 약용법 | 줄기껍질 3~10g을 물 800mL에 넣고 달여서 반으로 나누어 아침저녁으로 마신다.

3장

국내·외 향신료와 허브

1. 세계의 향신료

1-01	프랑스의 향신료
1-02	스페인의 향신료
1-03	미국의 향신료
1-04	키르기스스탄의 향신료
1-05	인도의 향신료
1-06	인도네시아의 향신료
1-07	태국의 향신료
1-08	중국의 향신료
1-09	타이완의 향신료
1-10	일본의 향신료

프랑스의 향신료

프랑스의 향신료 제품

프랑스의 유명한 고성인 앙부아즈성에서 재배 중인 향신 식물

스페인의 향신료

스페인의 향신료 제품

미국의 향신료

미국의 향신료 제품

키르기스스탄의 향신료

키르기스스탄의 향신료 제품

키르기스스탄 비슈케크의 오시시장에서 판매 중인 향신료

인도의 향신료

국제식품박람회장에 전시 중인 인도의 향신료 가루

인도의 향신료 종류

인도네시아의 향신료

인도네시아의 향신료 종류

인도네시아 백화점에서 판매 중인 터머릭류(강황) 제품

태국의 향신료

태국의 향신료 종류

태국의 향신료 종류

태국에서 사용되는 다양한 향신료

중국의 향신료

중국의 향신료 제품

중국 네이멍구자치구 츠펑(赤峰)시의 양고기 샤브샤브 식당에 진열되어 있는 중국 향신료

타이완의 향신료

❶❷❸ 타이완 타이페이 한약시장에서 판매 중인 향신 식물

일본의 향신료

❶❷ 일본 오사카의 식품점에서 판매 중인 향신료

2. 국내 향신료·허브농장

| 2-01 | 허브아일랜드

| 2-02 | 상수허브랜드

| 2-03 | 허브빌리지

| 2-04 | 허브다섯메

허브아일랜드 *Herb Island*

2-01

포천 지역에 소재한 농장은 대규모의 시설을 자랑한다. 다양한 종류의 향신료 식물과 허브가 자라고 있는 대형 온실, 농장 안쪽의 넓은 라벤더 농장, 숙박시설 등이 인기다.

개장_ 1998년
일반시설_ 허브식물박물관, 야외정원, 허브 상점, 체험장 등
숙박시설_ 허브힐링센터(문의전화: 1644-1997)
주소_ 경기도 포천군 신북면 청신로 947번길 35(삼정리 517-2)
전화_ 031-535-6494
입장시간_ 12.1 – 2.28: 평일 오전 11시-오후 9시   금 오전 11시-오후 10시   토 오전 9시-오후 11시
                    일 오전 9시-오후 10시
          3.1 – 11.30: 평일 오전 10시-오후 9시   금 오전 10시-오후 10시   토 오전 9시-오후 11시
                    일 오전 9시-오후 10시
입장료_ 성인: 6천원, 37개월 ~ 중학생: 4천원   **휴원_** 연중무휴
홈페이지_ http://www.herbisland.co.kr

허브아일랜드 | 허브식물박물관

국내·외 향신료와 허브

| 허브아일랜드 | 허브아일랜드 전경 |

| 허브아일랜드 | 라벤더 정원 |

2-02 상수허브랜드 *Sangsoo's Herb*

청주시에서 시내버스로 1시간가량 걸리는 허브랜드는 대형 온실 안에 많은 향신료 식물과 허브 정원, 식당과 휴게실이 함께 있다.

개장_ 1993년

일반시설_ 허브 전시장, 허브 실내정원, 허브 상점, 레스토랑 등

주소_ 충북 청주시 서원구 남이면 부용외천길 18

전화_ 043-277-6633

입장시간_ 허브랜드 관람 :

    3.1 – 11.30 오전 9시-오후 7시　　　　　　12.1 – 2.28 오전 9시30분-오후 5시30분

    허브의 성 레스토랑 : 연중 오전 10시-오후 10시

    상수 허브 숍(3층) : 오전 9시30분-오후 7시　　(1층) : 오전 9시30분-오후 10시

입장료_ 성인 5천원, 중고생 4천원, 유치원생 4천원

휴원_ 연중무휴

홈페이지_ http://www.sangsooherb.co.kr

상수허브랜드 | 허브 실내정원 전경

| 상수허브랜드 | 허브 실내정원 |

| 상수허브랜드 | 외부 정원의 델피니움 식물재배지 |

2-03 허브빌리지 *Herb Village*

경기도 북부지역의 임진강변에 소재한 허브 농장. 깔끔하고 산책하기에 좋은 허브 가든과 잘 정리된 온실, 그리고 대규모로 조성된 라벤더 농원이 특징이다.

개장_ 2006년
일반시설_ 허브 가든, 체험공방, 허브 찜질방, 허브 숍, 레스토랑 등
숙박시설_ 게스트하우스(문의전화: 031-833-3322)
주소_ 경기도 연천군 왕징면 북삼로 20번길 37(북삼리 222)
전화_ 031-833-5100
입장시간_ 오전 10시 ~ 오후 10시
(계절에 따라 변경될 수 있으므로 사전에 문의해야 함)
입장료_ 성인: 평일 6천원, 주말·공휴일 7천원
37개월 ~ 초등학생: 평일 5천원, 주말·공휴일 6천원
휴원_ 연중무휴
홈페이지_ http://www.herbvillage.co.kr

허브빌리지 | 허브빌리지 입구

허브빌리지 　 허브 정원

허브빌리지 　 대형 온실

2-04 허브다섯메 *Five Mountain Herb Farm*

향신료 식물과 허브를 도매 및 소매로 판매하는 도심 속의 허브 생산농장이다. 서울특별시 송파구 방이동의 올림픽아파트 안쪽에 있는 창덕여고 건너편에 위치한다.

주소_ 서울특별시 송파구 방이동 436-8
전화_ 02-430-7320, 02-448-3872
홈페이지_ http://www.herb5.co.kr

허브다섯메 다양한 향신료 식물과 허브 묘종이 전시되어 있다

| 허브다섯메 | 농장 내의 묘종 |

| 허브다섯메 | 향신료 묘종 |

3. 향신료 판매점

3-01 포린 푸드 마트 Foreign Food Mart

3-02 내셔널 푸드 마트 National Foods Mart

3-03 하이 스트리트 마켓 High Street Market

3-04 스타 수퍼 Star Super

3-05 아시아마트 Asia Mart

3-06 월드 푸드 World Food

3-01 포린 푸드 마트 Foreign Food Mart

이용시간_ 오전 10시-오후 11시30분
휴일_ 연중무휴
주소_ 서울특별시 용산구 우사단로 36(이태원동 137-8), 정은빌딩 1층
전화번호_ 02-793-0082
홈페이지_ http://foreignfoodkr.com

3-02 내셔널 푸드 마트 National Foods Mart

이용시간_ 오전 10시30분-오후 10시
휴일_ 연중무휴
주소_ 서울특별시 용산구 우사단로 39(이태원동 132-2)
전화번호_ 02-792-0786

3-03 하이 스트리트 마켓 High Street Market

이용시간_ 오전 10시 - 오후 9시
휴일_ 연중무휴
주소_ 서울특별시 용산구 이태원로 223(한남동 737-24), 2층
전화번호_ 02-790-5450
홈페이지_ http://www.highstreet.co.kr

3-04 스타 수퍼 Star Super

이용시간_ 오전 10시30분-오후 10시
휴일_ 매월 2, 4주 일요일
주소_ 서울특별시 강남구 언주로 30길 57
전화번호_ 02-2191-1234

3-05 아시아마트 Asia Mart

이용시간_ 오전 11시-오후 6시(점심시간 오후 1시-2시)
휴일_ 토, 일, 공휴일
주소_ 인천광역시 서구 건지로 250번길 42, 세동알앤디 3층(가좌동 148-58)
전화번호_ 032-887-0729
홈페이지_ http://www.asia-mart.co.kr

3-06 월드 푸드 World Food

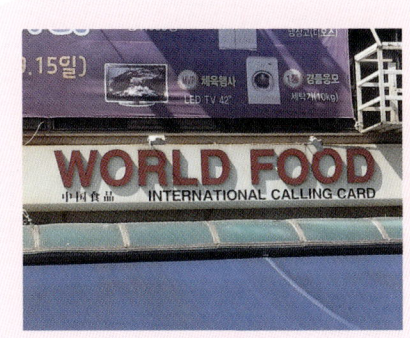

이용시간_ 오전 9시-오후 10시
휴일_ 연중무휴
주소_ 경기도 안산시 단원구 다문화길 13-1(원곡동 789-2)
전화번호_ 031-493-3225

용어해설

ㄱ

각궁반장(角弓反張): 몸이 뒤로 젖혀지는 현상.
각기(脚氣): 다리의 힘이 약해지고 저리거나 제대로 걷지 못하는 병.
간화(肝火): 간의 기능항진(機能亢進)으로 인해서 나타나는 열상(熱象).
감닉(疳䘌): 오감의 하나. 단맛을 즐겨 다식하면 장위에 기생하는 모든 충이 발동하여 장과 부를 침식하는 병증.
감리(疳痢): 감질과 이질을 겸한 합병증.
감열(疳熱): 소아에 많이 나타나는 감질을 수반하는 발열.
감질(疳疾): 소아가 여러 가지 만성 질병으로 몸이 파리하고 쇠약해지는 것을 총칭.
감창(疳瘡): 감질로 인해서 생기는 부스럼.
감충(疳蟲): 영양실조 상태에 요충증이 합병된 것으로 감질이 오래되었는데도 낫지 않으면 반드시 뱃속에 이 충이 있는 것이다.
개창(疥瘡): 풍(風), 습(濕), 열(熱) 등의 사기가 피부에 엉키어 생기는데 접촉 전염성 피부병이다.
객열(客熱): 열의 진퇴(進退)가 일정하지 않은 병증. 외부에서 들어온 열사(熱邪)를 말함.
객오(客忤): 소아가 갑자기 놀란 것이 원인이 되어 생긴 병증.
결괴(結塊): 담핵(痰核)이 엉기어 덩이가 된 것.
경간(驚癎): 경(驚)은 몸에 열이 나고 얼굴이 붉어지며 잠을 잘 자지 못하지만 경련은 나지 않는 증상. 간(癎)은 경(驚)의 증상 외에 몸이 뻣뻣해지며 손발이 오그라들면서 경련이 발생한다.
경계(驚悸): 놀라서 가슴이 두근거리거나 잘 놀라고 두려워하는 것으로. 심계항진이다.
경광(驚狂): 경(驚)으로 인해 광증을 야기하는 병증.
경맥(經脈): 기혈이 운행하는 주요한 통로.
경병(痙病): 목덜미가 뻣뻣해지면서 이를 악물고 사지가 오그라들며 각궁반장(角弓反張)이 주 증상인 병증.
경열(驚熱): 경풍(驚風)의 하나. 소아의 전신발열인데 열이 그다지 높지 않은 병증.
경풍(驚風): 경련이 일어나면서 의식을 잃는 병증. 5세 미만의 소아에게 자주 나타남.
계간(雞癎): 오간(五癎)의 하나로 폐간을 말한다.
고독(蠱毒): 기생충의 감염으로 발생하는 고창병(鼓脹病).
고주(蠱疰): 몸이 여위고 사지 부종 증상이 나타나며 기침을 하면서 배가 커지는 병증.
고창병(鼓脹病): 복부가 팽창해지고 복피(腹皮)에 청근(靑筋)이 나타나며 사지가 붓지 않는 병증.
곡신(穀神): 인체를 영양하는 음식물의 정기를 가리킨다.
골증(骨蒸): 증병(蒸病)의 일종으로 발열의 상태가 골수에서 투발(透發)하는 것.
골증로열(骨蒸勞熱), 골증열(骨蒸熱): 허로병으로 인해서 뼈 속이 후끈후끈 달아오르는 병증.
곽란(霍亂): 갑자기 복통이 나면서 심한 구토와 설사가 동시에 나타나는 위중한 병증.

관격(關格): 소변이 통하지 못하는 관과 구토가 멎지 않는 격이 동시에 나타나는 병증.
괴(塊): 복부에 병으로 인해서 생긴 결괴(結塊). 일정한 형태를 가지고 고정된 부위에 있으며 통증 부위가 이동하지 않는 병증.
구규(九竅): 눈, 코, 귀 각각 2규(竅)와 입, 요도(尿道)와 항문(肛門).
구역(嘔逆): 속이 메스꺼워 토할 듯한 느낌.
구창(灸瘡): 뜸 뜬 자리에 화상이 생겨서 피부가 허는 것을 말함.
군화(君火): 심화(心火)를 말하는 것. 심(心)은 화(火)에 속한 장기이고 상화(相火)에 상대되는 것.
궐역(厥逆): 사지가 싸늘해지는 병증.
귀주(鬼疰): 초기에는 특별한 통증이 없다가 갑자기 가슴이 뒤틀려 아프거나 답답하여 쓰러지는 증상.
귀태(鬼胎): 평소 몸이 허약한 상태에서 기혈이 뭉쳐 흩어지지 못하고 이로 인해 충임맥이 막혀 통하지 않아 발생하는 병증.
금창(金瘡): 쇠붙이 등에 의해 상한 창상.
급경풍(急驚風): 경풍의 하나로 소아과에서 흔히 보이는 병증.
급황(急黃): 황달의 하나. 중증형 황달병에 속한다. 습열의 사독이 몹시 성해서 진액에 침범함으로 인해 발생.
기괴(氣塊): 기울(氣鬱)로 인해 발생하는 멍울.
기륭(氣癃): 기림(氣淋), 비신(脾腎)이 허하고 방광에 열이 있어 발생하는 병증.
기창(氣脹): 칠정울결(七情鬱結)로 승강기능(昇降機能)이 실조되어 발생하는 창병.
꽃돋이(疹): 온열병 때 발생하는 발진.

나력(瘰癧): 림프절에 멍울이 생긴 병증. 주로 목, 귀 뒤, 겨드랑이에 생긴다.
냉로(冷勞): 허한증에 속하는 허로병증이다. 이는 기혈고갈, 음양불화, 정기산실 등으로 인해 발생하거나 표리가 함께 허하여 발생.
냉리(冷痢): 한리(寒痢). 찬 것, 생것, 불결한 음식 등을 지나치게 먹어 한기가 막혀서 통하지 않음으로 인해 비의 양기가 상해서 발생.
냉증(冷症): 혈액순환의 기능장애로 인해 생기는 병증.
노권(勞倦): 피로하고 노곤해 하는 증후.
노극(勞極): 칠정으로 인하여 오장이 상한 병증.
노손(勞損): 음허에 속하는 허로, 허손을 말함.
노열(勞熱): 허로로 인해 발생하는 골증발열을 말함.
노채(傳尸): 전염하는 소모성 질환.
노학(勞瘧): 학질의 하나로 오래된 학질.
노황(勞黃): 황달의 하나. 사지가 힘이 없고, 구토, 몸에서 열이 나고 한열왕래(寒熱往來) 등의 증상이 나타남.
누공(瘻): 병적으로 생긴 작은 구멍을 말함.
누창(瘻瘡): 창양 때 구멍이 뚫어져 고름이 흐르고 냄새가 나면서 오랫동안 낫지 않는 병증.

단독(丹毒): 화상과 같이 피부가 벌겋게 되면서 화끈거리고 열이 나는 병증.
단종(丹腫): 단독으로 인한 종창.
담벽(痰癖): 수음(水飮)이 오래 정체되어 담으로 되어 옆구리에 흘러가 수시로 통증을 야기하는 병증.
담연(痰涎): 가래와 침. 담 또는 거품이 섞인 침.
담열(痰熱): 담으로 인해 생긴 열 또는 담열의 병증.
담음(痰飮): 체내의 과잉된 진액(津液)이 여러 가지 원인으로 인해서 몰려 있거나 일정한 부위에서 스며 나오거나 분비되어 생기는 병증.
독종(毒腫): 모든 독으로 인한 종기.
독창(禿瘡): 머리가 헐면서 모발이 끊어지거나 빠져 없어지는 병증.
독풍(毒風): 풍독으로 인해 얼굴에 종기가 나는 병증.
두면풍(頭面風): 수풍 또는 면풍과 같은 뜻. 현훈과 같은 뜻.
두풍(頭風): 두통이 낫지 않고 오래 지속되면서 때에 따라 발생했다 멎었다 하며 오랫동안 치유되지 않는 병증.

만경풍: 경풍의 하나. 소아의 중병 또는 만성병으로 비기가 허하고 간기가 왕성해지거나 음허, 양허 등으로 인해서 발병한다.
맥기(脈氣): 경맥(經脈)의 기.
맥풍(脈風): 풍사가 혈맥에 침범하여 머물러 있는 것.
면풍(面風): 얼굴에 땀띠 같은 것이 돋으며 벌겋게 붓는 피부병.
몽설(夢泄): 몽정(夢精). 꿈을 꾸면서 사정이 되는 것.
묘규(苗竅): 오장과 관련되어 외부로 통하는 곳. 코는 폐(肺), 눈은 간(肝), 입술은 비(脾), 혀는 심(心), 귀는 신(腎)과 통하는 곳이라는 것.

ㅂ

반위증(反胃證): 음식을 먹은 후 일정한 시간이 경과한 후 먹은 것을 도로 토해내는 병증.
발배(發背): 등에 생긴 발저를 통틀어 말한다.
발저(發疽): 저(疽)의 하나. 현대의학에서 외과의 악성 종양.
발표(發表): 표(表)에 있는 사기를 발한(發汗)시켜서 제거하는 것.
방광기(膀胱氣): 방광의 기화작용(氣化作用)의 장애로 인해서 소변을 보지 못하는 병증.
백독창(白禿瘡): 독창(禿瘡)의 하나. 풍습의 사기가 두피의 주리(腠理)에 침범하여 울결하거나 접촉 및 전염으로 생기는 병세.
백리(白痢): 이질의 하나로 백색 점액이나 백색 농액이 섞인 대변을 보는 병증.
백예(白瞖): 예막에 흰색을 띠는 안과 병증.

백합병(百合病): 심폐음허(心肺陰虛)의 병증. 칠정울결(七情鬱結)이나 상한병(傷寒病)을 앓은 후에 심폐음허로 인해 생김.
번갈(煩渴): 가슴이 답답하고 입이 마르는 증후.
번열(煩熱): 가슴이 답답하고 열이 나는 증후.
번조증(煩燥證): 가슴에 열이 얽히어 괴롭고 초초하고 불안한 증상.
벽기(癖氣): 양 옆구리가 딴딴하고 통증이 수반되는 병증.
복량(伏梁): 위에 생기는 비만 종괴(腫塊)인 일련의 질환. 기혈이 뭉쳐서 생기는 병증.
분돈(奔豚): 신적의 별칭.
붕루(崩漏): 월경기가 아닌 때 갑자기 대량의 자궁출혈이 멎지 않고 지속적으로 출혈하는 병증.
비괴(痞塊): 딴딴한 멍울.
비달(脾疸): 비와 관련된 황달병.
비설(脾泄): 비의 운화기능의 장애로 인해서 발생하는 설사증.
비증(痺證): 관절이 쑤시고, 마비감이 있으며 심하면 부으면서 사지의 운동장애가 야기되는 것이 주 증상인 병증.

ㅅ

사기(邪氣): 병을 야기하는 원인.
사림(沙淋): 석림(石淋), 하초에 습열이 몰려 수액을 오전(熬煎)하여 소변 찌꺼기를 엉기게 해서 야기되는 병증.
사약(使藥): 보좌약으로 주약의 독성을 경감하고 약 맛을 좋게 하며, 여러 가지 약물의 작용을 조화시켜 부작용이 나타나지 않게 하는 약물.
산가증(疝瘕證): 산증의 하나. 허리 또는 아랫배가 아픈 것.
산기(疝氣): 체강의 내용물이 간극(間隙)을 통해서 겉으로 돌출되는 병증의 총칭.
산람장기(山嵐瘴氣): 산간에 있는 습열이 훈증할 때 생기는 좋지 못한 기운으로 인해 사람에게 해를 주는 일종의 사기로 보통 전염성을 띤다.
산증(疝證): 고환이나 음낭이 커지면서 아프거나 하복부가 당기며 아픈 병증.
산후혈훈(産後血暈): 산후에 갑자기 어지럽고 정신이 혼미해지거나 심하면 이를 악물고 까무러치는 병증.
삼충(三蟲): 장충, 적충, 요충의 세 가지 기생충을 이르는 말.
삽장(澁腸): 몽정, 요정(尿精), 유정 등을 치료하는 방법.
상한(傷寒): 각종 외감성 열병의 총칭.
상화(相火): 간(肝), 담(膽), 신(腎), 삼초(三焦)의 화(火)를 총칭하는 것. 심화(心火)와 배합되어 오장육부를 온양(溫陽)하여주고 기능 활동을 돕는다.
서루(鼠瘻): 목줄기나 겨드랑이 부위의 임파선 결핵.
석림(石淋): 임질(淋疾)의 한 가지. 콩팥 또는 방광 속에 돌 같은 것이 생기는 병인데 오줌을 눌 때에 요도가 아픔.
소갈(消渴): 다음다식(多飮多食)에 소변량이 많아지고 당뇨가 있으며 몸이 계속 여위는 병증.
소염해독(消炎解毒): 염증(炎症)을 가라앉히고 독기(毒氣)를 제거하는 효능.
소장산기(小腸疝氣): 소장기(小腸氣)와 같은 뜻. 기체로 오는 산증.

수고(水蠱): 창만의 하나. 수습(水濕)의 결취(結聚)로 인해서 발생.
수곡리(水穀痢): 비위의 기가 허약하거나 풍(風) 습(濕) 한(寒) 열(熱)의 사기가 비위에 침범해서 발생하는 병증.
수기(水氣): 부종이나 수종(水腫)과 같은 뜻.
수종(水腫): 신체의 조직간격(間隔)이나 체강(體腔) 체내(裏)에 체액이 머물러 얼굴, 가슴, 배나 사지 등에 부종을 발생시키는 질환.
수징(水癥): 수기(水氣)가 정체하여 쌓이고 뱃속에 딱딱한 덩어리가 생기는데 양 옆구리 부위가 팽창하면서 전신이 붓는 병증.
수창(水脹): 수종(水腫)을 말한다. 수기가 기부에 넘쳐서 종창하는 병증.
수창(水瘡): 피부병의 일종. 진물이 생기는 작은 부스럼.
수풍(首風): 머리를 감은 후 바람을 맞아 생긴 병증.
습닉(濕䘌): 습사로 인해서 피부가 파이는 피부병이다.
습비(濕痺): 비증(痺證)의 하나. 풍(風), 한(寒), 습(濕)의 사기가 관절, 경락에 침범해서 생긴 병증.
시주(尸疰): 노채. 노채충이 폐에 침입하여 생긴 전염성을 띤 만성 소모성 폐결핵류(類).
시충(尸蟲): 노채충(癆瘵蟲). 노채병을 일으키는 미생물, 즉 결핵균.
식적(食積): 비위의 운화기능 실조로 먹은 것이 적체(積滯)되어 생긴 병증.
신로(腎勞): 과로로 인해서 신(腎)의 기능이 손상되어 야기되는 허로증.
신적(腎積): 신기나 간기가 치밀어서 발생하는데 안색이 검고 통증이 아랫배에서 발작하여 명치 밑까지 치밀어 오르는 것.
심규(心竅): 심의 묘규(苗竅)로 혀를 달리 이르는 말. 정신작용과 관련시켜 본 부위를 표시한 말.
심현(心痃): 명치 밑이 그득하고 아픈 것.

ㅇ

아감(牙疳): 초기에 잇몸이 벌겋게 붓고 헐며 아픈 병증.
아침(兒枕): 임신 후반기 아침통(兒枕痛)의 다른 이름.
아침통(兒枕痛): 여자가 해산 후 어혈이 뭉쳐 아랫배가 아픈 증상.
악종(惡腫): 악성 종양.
악창(惡瘡): 악성 화농성 종기.
양위증(陽痿證): 음위증(陰痿證).
어혈(瘀血): 혈액이 체내의 일정한 조직의 사이의 어체(瘀滯)로 통하지 않는 병증.
역려(疫癘): 강렬한 전염성을 띠고 크게 유행하는 질병.
역절통(歷節痛): 간신(肝腎)이 허한 데다 풍한습(風寒濕)의 사기(邪氣)가 경맥(經脈)을 통해서 관절에 유주(流注)하는 것이 원인이 되어 발생하는 병증.
열감(熱疳): 소아의 비위허약, 하기이유(夏期離乳), 음식의 부절제 등으로 인해 몸이 여위면서 복부가 창만, 수족심열(手足心熱)의 증상이 나타난다.
열격(噎膈): 가슴이 메고 먹은 음식을 도로 토하며 대변이 잘 통하지 않는 소화기 질환.

열독리(熱毒痢): 서습열독(暑濕熱毒)의 감수로 인해서 발생하는 이질.

열비(熱痺): 열독이 골절로 돌아다니거나 체내에 열이 쌓여 있는 데다 풍한습의 사기가 침입해 발생하는 병증.

열설(熱泄): 열사가 장위(腸胃)에 침범해서 발생하는 설사증.

열증(熱症): 몸에서 열이 나고 오한, 가슴이 답답하고 갈증이 나는 증상.

열창(熱瘡): 열병 후에 입 주위나 얼굴에 생기는 포진성 피부병.

열학(熱瘧): 학질의 하나. 여름철 서사(暑邪)가 들어와 발생하는데 열증(熱證)만 있고 한증(寒證)은 없다.

영기(榮氣): 맥관에서 순행하는 인체의 방위작용.

영류(癭瘤): 목에 생긴 종양의 일종.

영위(榮衛): 영기(榮氣)와 위기(衛氣).

예막(瞖膜): 외장(外障) 눈병의 하나. 예는 각막이 흐려진 것이고 막은 결막에 백막(白膜), 적막(赤膜)이 눈자위를 가리는 병.

예장(眼障): 눈의 겉 부위에는 예막이 없이 눈동자가 속으로 가려지는 병증.

오감(五疳): 오장과 결부시켜 다섯 가지로 구분한 감증(疳證).

오로(五勞): 허로의 다섯 가지 병인.

오로칠상(五勞七傷): 오로와 칠상을 함께 말한 것.

오림(五淋): 기림(氣淋), 노림(勞淋), 고림(膏淋), 석림(石淋), 혈림(血淋) 등 다섯 종류의 임증.

온보(溫補): 보법의 하나. 온성보익(溫性補益) 약물로 허한(虛寒)증을 치료하는 것.

온역(瘟疫): 유행성 사기(邪氣)를 받아 발생하는 여러가지 급성 유행성 열병.

온장(溫瘴): 온병.

온학(溫瘧): 사기가 잠복한 상태에서 서열(暑熱)의 사기를 받아서 발생하는 학질.

옹저(癰疽): 종기의 총칭으로 옹과 저를 포함한 명칭. 창면(瘡面)이 얕으면서 범위가 넓은 것이 옹이고 깊으면서 악성인 것이 저로 피부화농증이다.

옹종(癰腫): 기혈의 순환이 순조롭지 않아 피부나 근육 내에 역행하면 혈이 응체하여 국부에 발생하는 종창.

옹창(癰瘡): 궤양의 일종. 외옹이 곪아 터진 후 오랫동안 아물지 않는 병증.

옹체(壅滯): 몰리고 막혀서 풀리지도 않고 통하지도 않는 증후를 말하는 것.

완비(頑痺): 피부의 감각이 없는 것.

욕로(蓐勞): 산후에 기혈이 소모되고 몸조리를 잘못한 것이 원인이 되어 풍한사(風寒邪)를 받거나 우사(憂思), 과로로 인해 발생하는 병증.

위기(衛氣): 인체를 외부의 나쁜 기운으로부터 방어하는 기능을 가진 기운.

위벽증(痿躄證): 사지가 힘이 없이 늘어지고 다리를 쓰지 못하는 병증.

위증(痿證): 지체의 근맥이 이완되고 연약 무력해져 팔, 손목, 무릎, 발꿈치 등에 운동 불능을 가져오는 병증.

유두저(有頭疽): 체내 연조직에 생기는 양성의 창양.

유옹(乳癰): 유방에 생기는 염증을 포괄하는 병증. 급성 유선염.

유음(留飮): 비위의 양기가 허하여 수음이 오랫동안 머물러 있어서 야기되는 병증.

유저(乳疽): 유선의 깊은 부위의 화농성 감염증.

유정(遺精): 몸이 허약해진 경우나 또는 성행위 없이 정액이 무의식적으로 흘러나오는 병증.
유종(遊腫): 피부병의 일종. 종기(腫氣)가 여기저기 돌아다니면서 나는 것.
유풍(遊風): 급성으로 피부에 나타나는 일련의 풍증.
육극(六極): 노상허손(勞傷虛損)이 극도에 달한 여섯 가지의 병증.
융폐(癃閉): 소변불리(小便不利, 소변이 잘 나오지 않으며 양도 적은 병증)를 말함.
음산(陰疝): 한사가 간경을 침습해서 생기는데 고환까지 파급하는 산증(疝證).
음소음(陰消陰): 진양(眞陽)이 부족하여 기가 액으로 화(化)하지 못하는 경우에 발생하는 소갈병.
음식창(陰蝕瘡): 외생식기의 염증.
음양역(陰陽易): 상한온역 병후의 쾌유 전에 성행위로 인해서 재발되는 병증.
음위증(陰痿證): 성욕은 있으나 음경이 발기되지 않는 병증.
음창(陰瘡): 남녀의 전음(前陰, 바깥쪽 생식기) 부위의 부스럼.
익창(䘌瘡): 벌레가 파먹은 것처럼 파이는 창양(瘡瘍)의 병증.

ㅈ

장기(瘴氣): 습열의 잡독을 감수하여 발생하는 역려(疫癘)의 일종.
장독(瘴毒): 산람장기(山嵐瘴氣, 전염병을 일으키는 사기)를 말함.
장치(腸痔): 수치질.
장풍(腸風): 치질의 하나. 대변을 볼 때 대변보다 먼저 맑고 새빨간 피가 나오는 증상이 있는데 이는 풍습(風濕)의 사기(邪氣)가 장위(腸胃)를 침범하여 생긴다.
장학(瘴瘧): 장독(瘴毒)으로 인해서 발생하는 학질.
저창(疽瘡): 옹저(癰疽).
적단(赤丹): 혈분(血分)에 사기가 숨어 있고 이것이 풍열독(風熱毒)을 겸하는 데서 발생하는 것으로 피부에 적색을 띠는 단독(丹毒).
적라(赤癩): 문둥병의 한 가지.
적리(赤痢): 급성 전염병인 이질의 하나. 피가 섞인 대변을 보는 병증.
적백대하(赤白帶下): 성숙된 여자의 생식기에서 병적으로 피 같은 벌건 색의 분비물에 흰색의 대하가 섞여 나오는 병증.
적백리(赤白痢): 이질의 하나. 묵 같은 점액과 농혈이 섞인 설사를 하는 병증.
적취(積聚): 뱃속에 덩이가 생겨 아픈 병증.
적풍(賊風): 사계절의 비정상적인 기후를 말하는 것으로서 이는 허(虛)의 틈을 타고 침입하여 질병을 유발시킨다는 의미에서 붙여진 이름.
전시(傳尸): 전염되는 소모성 질환. 결핵성 질환.
전시노채(傳尸勞瘵): 폐결핵.
정수(精髓): 신정(腎精)과 골수, 뇌수.
정종(丁腫): 목젖이 종창(腫脹)하는 병.

정창(丁瘡, 疔瘡): 외과에서 흔히 볼수 있는 부스럼의 하나. 형태가 작고 뿌리가 깊으며 몹시 단단함.

조열(潮熱): 매일 일정한 시간에 열이 나는 병증.

종독(腫毒): 헌데의 독, 창양(瘡瘍)과 같음.

종창(腫脹): 신체의 부위가 붓는 것.

주달(酒疸): 음주의 과음으로 인해서 비위를 상하면 습열이 중초에 몰려서 훈증함으로 담즙 배설에 장애를 주어 생기는 증상.

주비(周痺): 기가 허한 데다 풍한습(風寒濕)의 사기(邪氣)가 혈맥, 기육(肌肉)을 침범해서 생기는 병증.

주황(酒黃): 황달의 하나. 술을 많이 마셔 적(積)이 비(脾)에 영향을 주어 황달이 됨.

중악(中惡): 갑자기 손발이 싸늘하고 얼굴빛은 파래지며 정신은 어리둥절하고 어지러우며 눈앞이 아찔하고 말이 헛갈리며 심하면 이를 악물고 정신을 잃고 넘어진다.

중열(中熱): 가만히 있다가 더위 먹은 것은 중서(中暑)이고 활동하다가 열에 상한 것을 중열(中熱)이라 함.

증병(蒸病): 조열(潮熱)이 주증이며 그 열은 체내[裏]에서 증발하여 나는 것과 비슷하다 하여 붙여진 이름.

진액(津液): 일반적으로 체액(體液)의 총칭.

징가(癥瘕): 복강에 비괴(痞塊)가 생긴 병증.

징결(癥結): 복중(腹中)의 종양, 사기가 몰린 것.

징괴(癥塊): 징가(癥瘕) 등으로 인한 비괴(痞塊).

징벽(癥癖): 복강(腹腔)에 뭉친 어혈과 담적(痰積).

창만(脹滿): 배가 몹시 불러 오르면서 속이 그득한 감을 주 증상으로 하는 병증.

창병(脹病): 복부의 창만을 주증으로 하는 병증.

창양(瘡瘍): 종기, 부스럼. 옛날에는 각종 외과 질병을 총칭하여 부르는 말.

창이(瘡痍): 연장에 다친 상처 또는 피부의 종기를 말함.

창절(瘡癤): 피부의 표면에 생긴 작은 부스럼.

창종(瘡腫): 헌데나 부스럼.

천조풍(天弔風, 天吊風): 경풍(驚風)의 일종인 만경풍의 별칭.

청근(靑筋): 체표에 비정상적으로 청색 근맥이 두드러지는 현상.

청맹(靑盲): 겉보기에는 눈에 이상 증후가 없으나 나중에 실명하는 경우가 있는 병증.

청열이수(淸熱利水): 열기를 식히고 소변을 잘 나가게 하여 이를 통해 열기를 빼내는 효능.

치감(齒疳): 구치감(口齒疳). 아감이 경하게 오래 앓은 병증.

치경(痓痙): 치(痓)는 손발이 얼음같이 차고, 경(痙)은 전신이 뻣뻣해지는 것.

치닉(齒䘌): 충치.

치선(齒宣): 아선(牙宣). 잇몸이 붓고 상해서 출혈하거나 농이 나오는데 심하면 잇몸이 패어 들어가서 치근이 드러나고 치아가 흔들리는 병증.

칠상(七傷): 남자의 신기(腎氣)가 쇠약하여 생기는 일곱 가지 증후.

칠정(七情): 기뻐하는 것[喜], 성내는 것[怒], 근심하는 것[憂], 생각하는 것[思], 슬퍼하는 것[悲], 놀라는 것[驚], 겁내는 것[恐] 등 일곱 가지의 정신정지 변화의 표현으로서 외계의 사물에 대한 반응.
칠창(漆瘡): 옻나무나 물건을 만질 때 피부를 통해 옻독이 감염되어 생긴 피부병.
침음창(浸淫瘡): 급성 습진이 전신에 퍼지는 병증.

ㅌ-ㅍ

태루(漏胎): 임신기 중에 비록 양은 적으나 불시에 자궁출혈을 야기하는 병증.
태풍(胎風): 소아가 출생 후 열이 나고 피부가 벌건 것이 불에 덴 것 같은 일련의 증후.
퇴산(癀疝): 한사가 간경을 침습해서 생기는데 고환까지 파급하는 산증.
폐옹(肺癰): 폐에 옹양이 생겨서 기침에 농혈을 섞어 토하는 병증.
폐위(肺痿): 폐엽(肺葉)의 위축으로 탁한 침을 기침과 동시에 뱉어내는 것을 주증으로 하는 만성 소모성 질병.
포낭(胞囊): 여자의 자궁구(子宮口)와 남자의 음낭을 말함.
풍간(風癎): 심기(心氣)가 부족한 데다 가슴에 열이 몰리거나 풍사를 받았을 경우 또는 간경(肝經)에 열이 있으므로 발생하는 간증(癎證).
풍경(風痙): 경병(痙病)의 일종.
풍랭(風冷): 찬바람.
풍병(風病): 중풍과 치경을 일컫는 것. 치경(痓痙)에서 치(痓)는 손발이 얼음같이 차고, 경(痙)은 전신이 뻣뻣해지는 것.
풍비(風痺): 풍한습의 사기가 지절(肢節), 경락에 침범하여 생긴다. 그중 풍사가 심한 비증.
풍사(風邪): 외감병을 야기하는 주요 원인으로 다른 사기와 결합하여 여러 가지 병을 야기한다.
풍습비(風濕痺): 풍사와 한습사가 겹친 비증.
풍저(風疽): 습열이 피부에 조체(阻滯)되거나 혈맥에 유체(留滯)되어 생기는데 가렵고 통증을 수반하며 터지면 누런 진물이 나오고 잘 치유되지 않음.
풍증(風證): 외풍과 내풍에 의해서 생긴 병증을 통틀어 일컬음. 풍사를 받거나 질병의 경과과정에 음혈이 몹시 허손되었거나 열이 몹시 성하여 생긴다.
풍진(風疹): 비교적 가벼운 발진성의 급성 피부전염병을 말함.
풍창(風瘡): 개창(疥瘡).
풍허(風虛): 팔풍(八方에서 부는 바람)과 허사(虛邪)를 합친 것.
풍현(風眩): 현훈의 하나. 몸이 허한 데다 풍사가 머리에 침습하여 발생함. 현훈은 눈이 아찔하고 머리가 어지러운 증상을 말한다.

ㅎ

학모(瘧母): 학질을 오랫동안 앓아 옆구리 아래에 어혈이 생겨 딴딴하게 된 것.
한담(寒痰): 담증의 하나. 평소 담(痰)질환이 있는 데다 한사를 받아서 생김.
한증(寒證): 얼굴이 창백하고 손발이 차지고 변이 묽고 소변이 맑은 등의 증상.

해기(解肌): 치료법의 하나. 외감(外感)병 초기에 땀이 약간 나는 표증(表證)을 치료하는 방법.

허로(虛勞): 장부와 기혈의 허손으로 생긴 여러 가지 허약한 증후.

허손(虛損): 칠정(七情), 노권(勞倦), 주색, 음식 등으로 인해서 상하거나 또는 병후에 조섭(調攝)을 잘못한 데서 음양, 기혈, 장부가 허해짐으로 발생한다.

현벽(痃癖): 배꼽 부위, 또는 옆구리 부위에 덩어리가 생긴 것.

현훈(眩暈): 눈이 아찔하고 머리가 어지러운 증상.

혈가(血瘕): 월경불순 또는 과식으로 인해서 혈이 경맥 밖으로 넘치고 사기와 결합하여 아랫배 사이에 유체(留滯)하고 축적되어 발생.

혈괴(血塊): 혈이 체내에 정체하여 엉키는 것.

혈로(血勞): 음이 허하고 양이 성하거나 그 반대의 경우로 발생하는데 일반적으로 부녀자에게 나타난다.

혈리(血痢): 급성 전염병인 이질의 하나. 하리에 혈이 섞여 있거나 순혈을 설사하는 경우.

혈림(血淋): 임증의 하나. 소변에 피가 섞여 나오는 임증.

혈민(血悶): 해산 후에 정신 혼미, 가슴이 답답한 증상.

혈붕(血崩): 붕루의 하나. 월경하는 기간이 아닌 때 갑자기 음도로 다량 출혈하는 병증.

혈비(血痺): 기혈이 허약해서 생긴 비증(痺證).

혈적(血積): 기가 거슬러 올라 혈이 울체되거나 외상으로 어혈이 몰려서 생김.

혈창(血脹): 체내에 어혈이 쌓이고 기가 정체하여 통하지 않는 데다 한(寒)이 들어와 혈맥이 불리해져 창만이 발생한 것.

혈치(血痔): 내치 때 항문으로 선홍색을 띠는 변혈을 보는 것.

혈훈(血暈): 혈분에 병변이 있는 혼궐 증상.

협옹(脇癰): 겨드랑이나 옆구리에 발생하는 악창.

혼궐(昏厥): 갑자기 정신을 잃고 쓰러지면서 인사불성이 되고 수족이 싸늘해지는 것.

후배앓이: 아침통(兒枕痛).

후비(喉痺): 인후종통의 병증의 하나. 인후가 붓고 통증이 나며 음식을 삼키기 곤란한 증상이 있는 인후병을 총칭함.

휴식리(休息痢): 증상이 멎었다가 발작하였다가 하는 만성적인 이질을 말하는 것.

흉비(胸痺): 가슴이 메는 듯하면서 동통을 위주로 하는 병증.

한국_단행본

- 강병수 외, 원색한약도감, 동아문화사(2008)
- 김동훈, 식품화학, 탐구당(1976)
- 김우정 외, 천연향신료, 효일(2001)
- 김창민, 2015한약재감별도감(외부형태), 아카데미서적(2014)
- 박누리 역, 죽기 전에 꼭 먹어야 할 세계 음식 재료 1001, 마로니에북스(2011)
- 박종철, 노일섭 외, 김치의 기능성과 산업화, 푸른세상(2005)
- 박종철, 최명락 외, 김치과학, 푸른세상(2007)
- 박종철, 생약 한약 기능식품 통섭사전, 푸른행복(2011)
- 박종철, 일본 약용식물 한방약 도감, 푸른행복(2011)
- 박종철, 약이되는 열대과일, 푸른행복(2013)
- 박종철, 중국 약용식물과 한약, 푸른행복(2014)
- 생약학교재편찬위원회, 생약학, 동명사(2013)
- 식품의약품안전처, 대한민국약전 제10개정(2012)
- 식품의약품안전처, 대한민국약전외한약(생약)규격집 제4개정(2012)
- 식품의약품안전처, 식품공전(2012)
- 안덕균, 한국본초도감, 교학사(2008)
- 영림사편집실, 한의학용어대사전, 도서출판 영림사(2007)
- 육창수, 원색한국약용식물도감, 아카데미서적(1989)
- 이소연 역, 파워푸드 101, 티트리(2012)
- 이영노, 한국식물도감, 교학사(2006)
- 이창복, 대한식물도감, 향문사(2006)
- 정보섭, 도해 향약대사전, 영림사(1990)
- 정한진, 향신료이야기, 살림출판사(2009)
- 조응자, 한덕룡 공역, 세계의 약용식물, 신일북스(2007)
- 주영승, 김홍준, 운곡 한약재의 기원 및 산지 총람, 한국학술정보(주)(2009)
- 최수근 외 역, 세계의 명품 허브와 향신료, 세경(2008)
- 최수근, 최혜진, 향신료수첩, 우듬지(2012)
- 한의학대사전편찬위원회, 한의학대사전, 도서출판 정담(2001)
- 황금택 역, 세계의 식용식물, 신일북스(2010)

학술 논문

- 김종연, 박종철 외, Oenanthe javanica extract accelerates ethanol metabolism in ethanol-treated animals, BMB Reports, 42, 482(2009)
- 박종철 외, Protective effect of Oenanthe javanica on the hepatic peroxidation in bromobenzene-treated rat and its bioactive component, Planta Medica, 62, 488(1996)
- 박종철, 최종원, Effects of methanol extract of Oenanthe javanica on the hepatic alcohol-metabolizing enzyme system and its bioactive component, Phytotheraphy Research, 11, 260(1997)
- 박종철 외, 아세트아미노펜으로 유도한 쥐의 간독성에 대한 미나리 추출액의 간 보호작용, 약학회지, 52, 316(2008)
- 안병관, 박종철 외, 갓 지상부에서 플라보노이드와 고급 알콜 화합물의 분리, 생약학회지, 38, 254(2007)
- 조현우, 박종철 외, 미나리 지상부에서 라디칼 소거 활성을 가지는 페놀성 화합물의 분리, 생약학회지, 39, 142(2008)
- 최장기, 박종철 외, 고추 잎에서 라디칼소거활성을 가지는 페놀성 화합물의 분리, 생약학회지, 38, 258 (2007)
- 허종문, 박종철 외, Effects of methanol extract of Zanthoxylum piperitum leaves and its compound, protocatechuic acid on hepatic drug metabolizing enzymes and lipid peroxidation in rats, Bioscience, Biotechnology and Biochemistry, 67, 945(2003)
- 허종문, 박종철 외, Effects of the methanol extract of the leaves of Brassica juncea and its major component, isorhamnetin 3-O-ß-D-glucoside on hepatic drug metabolizing enzymes in bromobenzene-treated rats, Food Science and Biotechnology, 16, 439(2007)

중국

- 國家藥典委員會, 中華人民共和國藥典, 中國醫藥科技出版社, 중국 베이징(2010)
- 國家中醫藥管理局中華本草編委會, 中華本草, 上海科學技術出版社, 중국 상하이(1999)
- 閻玉凝, 中藥圖典, 北京科學技術出版社, 중국 베이징(2007)
- 李岡榮, 漢方蔬果養生百科, 湖南美術出版社, 중국 창사(2010)
- 鄭漢臣, 中國食用本草, 上海辭書出版社, 중국 상하이(2003)

일본

- 堀田滿 외 편, 世界有用植物事典, 平凡社, 일본 도쿄(1989)

- 武政三南, スパイス&ハーブ辭典, 文園社, 일본 도쿄(1997)
- 武政三南, 80のスパイス辭典, フレグランス ジャーナル社, 일본 도쿄(2007)
- 服部由美 역, ハーブ圖鑑, ガイアブックス, 일본 도쿄(2012)
- ジル・ノーマン, スパイス完全ガイド, 株式會社 山と溪谷社, 일본 도쿄(2012)
- 橫明美, ハーブ圖鑑, 小學館, 일본 도쿄(1998)

그 밖의 자료

- 산림청 국가생물종지식정보시스템 홈페이지 www.nature.go.kr
- 산림청 국가표준식물목록 홈페이지 www.nature.go.kr/kpni
- 식품의약품안전처 건강기능식품 홈페이지 www.foodnara.go.kr/hfoodi
- 위키피디아 홈페이지 www.wikipedia.org

찾아보기

ㄱ

가구자 • 134
가지과 • 41
갈랑갈 • 22
갈루자 • 234
감람과 • 394
감람나무과 • 346
감송(향) • 322
감초 • 26
갓 • 30
강진향 • 324
강향(단) • 324
강황 • 268, 274
개박하 • 239
개자 • 30
개채 • 30
건강 • 146
겨울세이버리 • 152
계심 • 34
계지 • 34
계피 • 34
고가 • 254
고들빼기 • 38
고량강 • 326
고마 • 218
고본 • 330

고수 • 250
고애 • 200
고추(초) • 41
고추냉이 • 45
곽향 • 334
광과감초 • 26
광곽향 • 338
광서아출 • 272, 274
구릿대 • 354
구자 • 134
구주몰약 • 170
구채 • 134
국거(근) • 228
국화과 • 38, 98, 104, 172, 176, 186, 200, 228, 236, 242, 265, 280, 286, 308, 344, 358, 408
궁궁 • 412
귤나무 • 214
귤인(핵) • 214
근채 • 157
금련(화) • 297
금잔(국)화 • 98
까치콩 • 361
꼭두서니과 • 224, 380
꽃향유 • 431
꿀풀과 • 58, 66, 79, 83, 102, 116, 120, 124, 129, 152, 154, 168, 189, 206, 239, 261, 292,

찾아보기 479

316, 334, 338, 426, 431, 434

등자 • 204
딜 • 62
때죽나무과 • 382

ㄴ

나룩(자) • 116
난초과 • 114
난향 • 116
남박하 • 168
냉이 • 49
넛메그 • 52
노간주나무 • 212
노서과 • 248
녹각사 • 374
녹나무과 • 34, 196, 388
니겔라 • 56
단향(목) • 348
단향과 • 348
당귀 • 340

ㄹ

라벤더 • 66
라임 • 70
랄근 • 150
랄초 • 41
레몬 • 72
레몬그라스 • 75
레몬밤 • 79
레몬버베나 • 81
로마캐모마일 • 236
로즈마리 • 83
로켓 • 86
루 • 88
루바브 • 92
루콜라 • 86
류란향 • 168

ㄷ

대고량강 • 22
대산 • 94
대황 • 93
대회향 • 164
도금양과 • 108
독일캐모마일 • 236
들깨 • 58

ㅁ

마늘 • 94
마리골드 • 98
마조람 • 102
마타리과 • 322

마편초과 • 81
말리화 • 209
매화빙편 • 391
머위 • 104
머틀 • 108
명향 • 394
모창출 • 408
모향 • 75
목련과 • 438
목향 • 344
몰약(수) • 346
물푸레나무과 • 193, 209
미국근채 • 157
미나리 • 110
미나리아재비과 • 56
미질향 • 83

ㅂ

바닐라 • 114
바질 • 116
박하 • 120
방아차 • 380
방아풀 • 124
방취목 • 81
배초향 • 334
백단(향) • 348
백두구 • 351
백리향 • 258, 261

백말리 • 209
백소 • 58
백지 • 354
백채 • 104
백출 • 358
백편두 • 361
백합 • 364
백합과 • 94, 134, 180, 216, 277, 364
백화수 • 382
버넷 • 127
번초 • 41
번하채 • 120
번홍화 • 138
벌사상자 • 371
베르가모트 • 129
벼과 • 75
벽오동과 • 256
보골지 • 367
보리지 • 131
봉두채 • 104
봉아출 • 272, 274
부추 • 134
북창출 • 408
붓꽃과 • 138
붓순나무과 • 164
비주화 • 306
빙편 • 391
뽕나무과 • 306

ㅅ

사룽간 • 124
사미 • 371
사상자 • 371
사인 • 374
사초근(과) • 429
사프란 • 138
사향초 • 261
산규 • 45
산모(엽) • 160
산와거 • 38
산전채 • 45
산초 • 142
산형과 • 62, 110, 157, 170, 178, 221, 234, 245, 250, 282, 288, 330, 340, 354, 371, 412
삼릉 • 378
삽주 • 358
생강 • 146
생강과 • 22, 146, 184, 232, 268, 272, 274, 326, 351, 374, 397, 415, 418
서양고추냉이 • 150
서양자초 • 62
서양톱풀 • 186
서홍화 • 138
세러리 닌진 • 157
세이버리 • 152
세이요우 와사비 • 150
세이지 • 154
셀러리 • 157
소남강 • 209

소두구 • 232
소럴 • 160
소회향 • 62
수근 • 110
수레국화 • 286
수영 • 160
쉽싸리 • 426
스타아니스 • 164
스피아민트 • 168
시나몬 • 34
시라(자) • 62
시설리 • 170
시소 • 206
시엽감송 • 322
신엽 • 45
신향초 • 316
심엽형개 • 239
십자화과 • 30, 45, 49, 86, 150
쓴국화 • 265
쓴쑥 • 200

ㅇ

아루굴라 • 86
아선약 • 380
아출 • 272
아티초크 • 172
안식향 • 382
안식회향 • 245

안젤리카 • 178
앵초과 • 386
야소마 • 58
약사초 • 38
양강자 • 22
양근 • 157
양시초 • 186
양총 • 180
양춘사 • 374
양파 • 180
양하 • 184
애로 • 186
여뀌과 • 92, 160
여름세이버리 • 152
연명초 • 124
영국캐모마일 • 236
영릉향 • 386
영몽 • 72
영향초(풀) • 386
오레가노 • 189
오약 • 388
온울금 • 272, 274
올리브 • 193
와사비 • 45
왕고들빼기 • 38
요고본 • 330
요엽후박 • 438
용뇌(향) • 391
용뇌향과 • 391
우지 • 189

운향 • 88
운향과 • 70, 72, 88, 142, 204, 214
울금 • 274
월계수 잎 • 196
월계자 • 196
웜우드 • 200
유자 • 204
유향 • 394
육계 • 34
육두구(과) • 52
익지 • 397
인도긴후추 • 294
일본목련 • 438
임자(엽) • 58
잇꽃 • 308

ㅈ

자단(향) • 401
자바백두구 • 351
자소엽(자) • 206
자연 • 245
작약 • 404
작약과 • 404
장미과 • 127
장회향 • 234
재스민 • 209
전단 • 348
정자 • 258

정향 • 258
정향나무과 • 258
제돈과 • 193
제비콩 • 361
제채(자) • 49
주니퍼 • 212
주름소엽 • 206
중국고본 • 330
중국천궁 • 412
지마채 • 86
지초 • 261
지치과 • 131, 300
진피 • 214
쯔란 • 245

천문초 • 280
초과 • 415
초두구 • 418
초피나무 • 142
촉초 • 142
총(엽, 백) • 277
축사 • 374
취초 • 88
측백나무과 • 212
치자 • 224
치커리 • 228
침(수)향 • 422

ㅊ

차이브 • 216
차즈기 • 206
참깨(과) • 218
참나리 • 364
참당귀 • 340
창과감초 • 26
창출 • 408
채계 • 172
채로 • 104
처녀바디 • 178
처빌 • 221
천궁 • 412

ㅋ

카더몬 • 232
카둔 • 176
캐러웨이 • 234
캐모마일 • 236
캐트닙 • 239
커리플랜트 • 242
커민 • 245
케이퍼 • 248
코리앤더 • 250
코카(과) • 254
콜라너트 • 256
콩과 • 26, 302, 324, 361, 367, 401
큰솔나리 • 364
클로브 • 258

ㅌ

타임 • 261
택란 • 426
탠지 • 265
터머릭 • 268, 272, 274
토곽향 • 334

ㅍ

파 • 277
파고지 • 367
파라크레스 • 280
파슬리 • 282
팔각회향 • 164
팔랑개비국화 • 286
팥꽃나무과 • 422
페널 • 288
페뉴그리크 • 302
페니로열 • 292
편두(콩) • 361
풍접초과 • 248
필발 • 294

ㅎ

한근 • 157
한근채 • 282
한금련 • 297

한련(화) • 297
한련과 • 297
합지수 • 346
항백지 • 354
향도 • 72
향모 • 75
향부자 • 429
향수목 • 81
향수초 • 300
향유 • 431
향채 • 250
향초 • 114, 386
향초란 • 114
향화채 • 168
헝가리캐모마일 • 236
헬리오트로프 • 300
형개 • 434
호개 • 30
호로파 • 302
호마 • 218
호유(자) • 250
호초 • 312
호파 • 302
홀포 • 306
홉 • 306
홍두(구) • 22
홍화(자) • 308
화초 • 142
회향 • 288
후박 • 438

후추 • 312
후추과 • 294, 312
훈의초 • 66
훈초 • 386
흑삼릉(과) • 378
흑지(호)마 • 218
히섭 • 316

A

acetosa • 160
Achillea millefolium • 186
Acmella oleracea • 280
Agastache rugosa • 334
aglio • 94
ail blanc • 94
Allium cepa • 180
Allium fistulosum • 277
Allium sativum • 94
Allium schoenoprasum • 216
Allium tuberosum • 134
aloeo wood • 422
Aloysia triphylla • 81
Alpinia galanga • 22
Alpinia katsumadai • 418
Alpinia officinarum • 326
Alpinia oxyphylla • 397
Amomum compactum • 351
amomum fruit • 374

Amomum kravanh • 351
Amomum tsao-ko • 415
Amomum villosum • 374
aneth • 62
Anethum graveolens • 62
aneto • 62
angelica • 178
Angelica archangelica • 178
Angelica dahurica • 354
Angelica gigas • 340
angélique • 178
anice stellato • 164
anis étoillé • 164
Anthriscus cerefolium • 221
Apiaceae • 62, 110, 157, 170, 178, 221, 234, 245, 250, 282, 288, 330, 340, 354, 371, 412
Apium graveolens • 157
Aquilaria agallocha • 422
arbre-à-encens • 394
archangelica • 178
Armoracia rusticana • 150
Artemisia absinthium • 200
artichoke • 172
artichoke thistle • 176
arugula • 86
assenzio • 200
Asteraceae • 38, 98, 104, 172, 176, 186, 200, 228, 236, 242, 265, 280, 286, 308, 344, 358, 408
Atractylodes chinensis • 408

Atractylodes japonica • 358

Atractylodes lancea • 408

Atractylodes macrocephala • 358

atractylodes rhizome • 358, 408

Aucklandia lappa • 344

B

bachelor's button • 286

bartender's lime • 70

basil • 116

bay laurel(leaves, tree) • 196

benzoin • 382

bergamot • 129

bitter cardamon • 397

black cumin • 56

bleuet • 286

bog rhubarb • 104

borage • 131

Boraginaceae • 131, 300

boragine • 131

Borago officinalis • 131

borneol • 391

Boswellia carterii • 394

bourrache • 131

Brassica juncea • 30

Brassicaceae • 30, 45, 49, 86, 150

burnet • 127

Burseraceae • 346, 394

C

calendola • 98

Calendula officinalis • 98

camomile • 236

camomille romaine • 236

cape jasmine(jessamine) • 224

caper • 248

caper bush • 248

Capparidaceae • 248

Capparis spinosa • 248

câpres • 248

Capsella bursa-pastoris • 49

capsicum • 41

Capsicum annuum • 41

capucine tubéreuse • 297

caraway • 234

carciofo • 172

cardamom, cardamon • 232

cardi, cardone, cardoni, carduni • 176

cardoon • 176

carthame • 308

Carthamus tinctorius • 308

Carum carvi • 234

carvi • 234

catmint, catswort • 239

catnep, catnip • 239

celery • 157

Centaurea cyanus • 286

cerfeuil • 221

cerfeuil odorant • 170

Chamaemelum nobile • 236

chamomile • 236

cherry pie • 300

chervil • 221

chicorée à café • 228

chicory • 228

chilly pepper • 41

Chinese leek • 134

Chinese pepper • 142

chiodi di garofano • 258

chives • 216

ciboule • 277

ciboule de chine à feuilles larges • 134

ciboulette • 216

cicely • 170

Cichorium intybus • 228

cicoria • 228

Cinnamomum cassia • 34

cinnamon • 34

cipoletta • 216

cipolla • 180

citronella • 75

citronnier commun • 72

Citrus aurantifolia • 70

Citrus junos • 204

Citrus limon • 72

Citrus reticulata • 214

Citrus unshiu • 214

civette • 216

cloves • 258

Cnidium monier • 371

Cnidium officinale • 412

coca • 254

coco-grass • 429

cola • 256

Cola acuminata • 256

cola nut • 256

colatier • 256

Commiphora molmol • 346

Commiphora myrrha • 346

Compositae • 38, 98, 104, 172, 176, 186, 200, 228, 236, 242, 265, 280, 286, 308, 344, 358, 408

coriander • 250

Coriandrum sativum • 250

cornflower • 286

cren • 150

cresson de Para • 280

crimson beebalm • 129

Crocus sativus • 138

Cruciferae • 30, 45, 49, 86, 150

cumin • 245

cumin noire • 56

cuminella • 56

Cuminum cyminum • 245

Cupressaceae • 212

curcuma • 268

Curcuma kwangsiensis • 272

Curcuma longa • 268, 274

Curcuma phaeocaulis • 272, 274

curcuma root • 274

Curcuma wenyujin • 272, 274

curry plant • 242

Cymbopogon citratus • 75

Cymbopogon flexuosus • 75

Cynara cardunculus • 176

Cynara scolymus • 172

Cyperaceae • 429

cyperus rhizome • 429

Cyperus rotundus • 429

D

Dalbergia odorifera • 324

dill • 62

Dipterocarpaceae • 391

Dolichos lablab • 361

Dryobalanops aromatica • 391

E

Elettaria cardamomum • 232

Elsholtzia ciliata • 431

erba peverella • 152

Eruca sativa • 86

Eruca vesicaria • 86

Erythroxylaceae • 254

Erythroxylon coca • 254

F

Fabaceae • 26, 302, 324, 361, 367, 401

fennel • 288

fenugreek • 302

fieno greco • 302

finocchio • 288

finocchio dei boschi • 170

fioraliso • 286

Foeniculum vulgare • 288

fragrant rosewood • 324

frankincense tree • 394

G

galangal • 22

gambir • 380

garden angelica • 178

garden burnet • 127

garden chervil • 221

garden heliotrope • 300

garden marigold • 98

garden nasturtium • 297

garden parsley • 282

garden sage • 154

gardenia • 224

Gardenia jasminoides • 224

garlic • 94

garlic chive • 134

geniévrier • 212

찾아보기 **489**

giant butterbur • 104

ginepro • 212

gingembre • 146

ginger • 146

giroflier • 258

globe artichoke • 172

Glycyrrhiza glabra • 26

Glycyrrhiza inflata • 26

Glycyrrhiza uralensis • 26

Gramineae • 75

H

Helichrysum angustifolium • 242

Helichrysum italicum • 242

heliotrope • 300

Heliotropium arborescens • 300

Heliotropium peruvianum • 300

herb of grace • 88

herbe aux chats • 239

herbe d'absinthe • 200

hops • 306

horseradish • 150

houblon • 306

Humulus lupulus • 306

hyssop • 316

Hyssopus officinalis • 316

I

Illiciaceae • 164

Illicium verum • 164

incenso • 394

Indian cress • 297

Indian long pepper • 294

Iridaceae • 138

Isodon japonicus • 124

issopo • 316

J

Japanese pepper • 142

jasmine • 209

Jasminum grandiflorum • 209

Jasminum officinlae • 209

Jasminum sambac • 209

Java grass • 429

juniper(berry) • 212

Juniperus communis • 212

K

key lime • 70

kha • 22

L

Labiatae • 58, 66, 79, 83, 102, 116, 120, 124, 129, 152, 154, 168, 189, 206, 239, 261, 292, 316, 334, 338, 426, 431, 434

Lactuca indica • 38

Lamiaceae • 58, 66, 79, 83, 102, 116, 120, 124, 129, 152, 154, 168, 189, 206, 239, 261, 292, 316, 334, 338, 426, 431, 434

Lauraceae • 34, 196, 388

laurier • 196

lauro • 196

Laurus nobilis • 196

lavander • 66

Lavandula angustifolia • 66

Lavandula officnalis • 66

Lavandula vera • 66

Leguminosae • 26, 302, 324, 361, 367, 401

lemon • 72

lemon balm • 79

lemon beebrush • 81

lemon verbena • 81

lemongrass • 75

licorice • 26

Ligusticum chuanxiong • 412

Ligusticum jeholense • 330

Ligusticum sinense • 330

Ligusticum tenuissimum • 330

Liliaceae • 94, 134, 180, 216, 277, 364

Lilium brownii • 364

Lilium lancifolium • 364

Lilium pumilum • 364

lime • 70

limette acide • 70

limoncina • 81

limone • 72

lindera root • 388

Lindera strichnifolia • 388

liquorice • 26

luppolo • 306

lycopus herb • 426

Lycopus lucidus • 426

Lysimachia foenum-graeci • 386

M

mace • 52

maggiorana • 102

magnolia bark • 438

Magnolia officinalis • 438

Magnolia ovobata • 438

Magnoliaceae • 438

majoram • 102

Majorana hortensis • 102

Majorana majorana • 102

mandarine • 214

marigold • 98

marjolaine • 102

Matricaria chamomilla • 236

melissa • 79

Melissa officinalis • 79

menta ricciuta • 168, 292

menta selvatica • 120

Mentha arvensis • 120

mentha herb • 120

Mentha pulegium • 292

Mentha spicata • 168

menthe douce • 168, 292

menthe du Japon • 120

Mexican lime • 70

millefeuille • 186

mint • 120

mioga • 184

mirto • 108

Monarda didyma • 129

monks cress • 297

Moraceae • 306

mosquito plant • 292

moutarde brune • 30

muscadier • 52

mustard • 30

Myristica fragrans • 52

Myristicaceae • 52

myrrh • 346

Myrrhis odorata • 170

Myrtaceae • 108, 258

myrtle • 108

Myrtus communis • 108

Nardostachys chinensis • 322

Nardostachys jatamansi • 322

nasturtium • 297

nasturzio tuberoso • 297

Nepeta cataria • 239

nigella • 56

Nigella sativa • 56

noce moscata • 52

nut grass • 429

nutmeg • 52

Ocimum basilicum • 116

Oenanthe javanica • 110

oignon • 180

Olea europaea • 193

Oleaceae • 193, 209

olibanum tree • 394

olive • 193

omani lime • 70

onion • 180

Orchidaceae • 114

oregano • 189

Origanum majorana • 102

Origanum vulgare • 189

oseille • 160

Oswego tea • 129

P

Paeonia lactiflora • 404

Paeoniaceae • 404

pala • 52

paracress • 280

parsley • 282

Pedalidaceae • 218

pennyroyal • 292

peony root • 404

pepe nero • 312

pepper • 312

perilla • 58, 206

Perilla frutescens • 58, 206

pérille verte cultivée • 206

persil • 282

Petasites japonicus • 104

Petroselinum crispum • 282

phak chee • 250

pimento • 41

pimprenelle • 127

Piper longum • 294

Piper nigrum • 312

Piperaceae • 294, 312

Plectranthus japonicus • 124

Poaceae • 75

Pogostemon cablin • 338

pogostemon herb • 338

poivon • 41

poivre • 312

poivre du Setchuan • 142

Polygonaceae • 92, 160

pot marigold • 98

prezzemolo • 282

Primulaceae • 386

Psoralea corylifolia • 367

Pterocarpus santalinus • 401

Q

quaw mint • 292

R

rabarbaro • 92

Rabdosia japonica • 124

raifort • 150

raifort du japon • 45

Ranunculaceae • 56

red sandal wood • 401

réglisss officinlae • 26

Rheum rhabarbarum • 92

rhubarb • 92

rocket • 86

romarin • 83

roquette • 86

Rosaceae • 127

rosemary, rosmarino • 83

Rosmarinus officinalis • 83

round amomum fruit • 351

Rubiaceae • 224, 380

rucola • 86

ruddles • 98

rue • 88

Rumex acetosa • 160

ruta • 88

Ruta graveolens • 88

Rutaceae • 70, 72, 88, 142, 204, 214

S

safflower • 308

saffron • 138

saffron crocus • 138

sage • 154

salad burnet • 127

salvia • 154

Salvia officinalis • 154

sandal blanc, sandalo, sandalwood • 348

Sanguisorba minor • 127

Santalaceae • 348

Santalum album • 348

sarriette des montagnes • 152

Satureja hortensis • 152

Satureja montana • 152

sauge • 154

savory • 152

scarlet beebalm • 129

schizonepeta spike • 434

Schizonepeta tenuifolia • 434

Scottish marigold • 98

sédano • 157

senape indiana • 30

sereh • 75

sesame • 218

Sesamum indicum • 218

shepherd's purse • 49

Solanaceae • 41

sorrel • 160

souci des jardins • 98

Sparganiaceae • 378

sparganium rhizome • 378

Sparganium stoloniferum • 378

spearmint • 168

spilante, spilanthes • 280

Spilanthes acmella • 280

spring onion • 277

star anise • 164

starflower • 131

Sterculiaceae • 256

Styracaceae • 382

Styrax benzoin • 382

Styrax tonkinensis • 382

summer savory • 152

sweet bay • 196

sweet cicely • 170

Syzygium aromaticum • 258

takrai • 75

tanaceto • 265

Tanacetum vulgare • 265

tanaisie • 265

tansy • 265

thyme • 261

Thymeleaceae • 422

Thymus quinquecostatus • 261

Thymus vulgaris • 261

toothache plant • 280

Torilis japonica • 371

Trigonella foenum-graecum • 302

Tropaeolaceae • 297

Tropaeolum majus • 297

true myrtle • 108

tumeric • 268

Umbelliferae • 62, 110, 157, 170, 178, 221, 234, 245, 250, 282, 288, 330, 340, 354, 371, 412

Uncaria gambir • 380

V

Valerianaceae • 322

vanilla • 114

Vanilla planifolia • 114

Verbenaceae • 81

verveine odorante • 81

vervine de Indes • 75

wasabi • 45

Wasabia japonica • 45

water dropwort • 110

welsh onion • 277

west Indian lime • 70

wild celery • 178

winter savory • 152

worm wood • 200

xa • 75

yarrow • 186

yi-ra • 245

Youngia sonchifolia • 38

Z

zafferano • 138

Zanthoxylum bungeanum • 142

Zanthoxylum piperitum • 142

Zanthoxylum schinifolium • 142

zedoary • 272

zénzero • 146

Zingiber mioga • 184

Zingiber officinale • 146

Zingiberaceae • 22, 146, 184, 232, 268, 272, 274, 326, 351, 374, 397, 415, 418